［美］ 罗莎娜·利斯威德
J.A.米勒
詹妮弗·鲁滨逊 著
张 林 译

盖洛普研究机构的最新成果

发现你的
学习优势

教师、家长的必读书

发现我的
教育优势

中国社会科学出版社

图书在版编目（CIP）数据

发现你的学习优势，发现我的教育优势／（美）利斯威德、（美）米勒、（美）鲁滨逊著；张林译 . —北京：中国社会科学出版社；2011.2

ISBN 978 - 7 - 5004 - 8970 - 2

Ⅰ.①发… Ⅱ.①利…②米…③鲁…④张… Ⅲ.①教育理论 - 研究 Ⅳ.①G40

中国版本图书馆 CIP 数据核字（2010）第 142693 号

Teach With Your Strengths By Rosanne Liesveld And Jo Ann Miller.

Copyright © 2005 By The Gallup Organization

Original English Language Publication 2005 By Gallup Press.

New York，NY，USA.

版权贸易合同登记号　图字：01 - 2007 - 1337

出版策划　路卫军
责任编辑　夏　侠
责任校对　刘　娟
封面设计　李尘工作室
技术编辑　戴　宽

出版发行　中国社会科学出版社
社　　址　北京鼓楼西大街甲 158 号　　　　邮　编　100720
电　　话　010 - 84029450（邮购）　　　　传　真　010 - 84017153
网　　址　http：//www. csspw. cn
经　　销　新华书店
印刷装订　三河市君旺印装厂
版　　次　2011 年 2 月第 1 版　　　　　　印　次　2011 年 2 月第 1 次印刷
开　　本　710×1000　1/16
印　　张　10. 25
字　　数　110 千字
定　　价　38. 00 元

CONTENTS

目 录

前　言

你也能当好老师

好老师从不在改进缺陷上浪费时间，他们都会把天赋才能发挥到极致。

美国教育家荣誉学会（Phi Delta Kappa，PDK）是美国为教育工作者服务的专门组织，自1968年来，由它实施的每一次调查均显示，民众普遍担心缺少好老师。他们的担心是有道理的。除了家长以外，老师对学生的影响比任何人都大，因此对我们社会的影响也最大。

由于老师是如此重要，数十年来，盖洛普机构（Gallup Organization）一直致力于邀请一流的教育学及心理学专家，研究、访谈、分析和破译好老师的构成因素到底是什么。这项研究积累了大量的有用资料，也揭示了这个令人震惊的事实：不管你有没有意识到，所有伟大的老师都有很重要的共通点，即他们都会把天赋才能发挥到极致。此外，如果老师们的某些短处与教学能力无关，他们就不会在改进这些短处上浪费时间，当然如果有必要，他们会设法克制这些缺陷。当一名好老师了解到自己具备怎样的天赋，并在此基础上发展出后天的能力，他们会更善于教导学生。这就是本书所要阐述的。

在学习怎么做一名老师的时候，你要学的东西很多。有些是你擅长的，有些则令人头痛。你当然愿意把精力投注到那些你擅长的科目上，哪个头脑正常的人不是如此？

肯定有人告诉过你，要当一名真正的好老师，你就要在那些对你有难度的科目上下苦功，就要把精力集中在那些你不喜欢而且也永远做不好的科目上。这种说法根据的理论是，简单的科目不学就会，弱项才需要下大力气。你应该发展得更全面一点。

其实，这个理论会起反作用，更糟糕的是它可能危害极大。"修正"弱点是办不到的，你费尽心力，充其量也只能勉强达到过得去的地步。同时，因为努力弥补弱点，你在能做好的事情上的注意力和精力也被分散了，也就错过了成为好老师的机会。这是真正的问题所在。坦白地说，美国需要好老师。

老师不只是一份职业，也担负着责任。以能力为基础的教育可以帮助老师完成传道授业的职责，可以让老师更开心，更有创造力，更喜欢从教，在课堂上更成功，可以帮助更多学生学习和成长。2002 年，美国教育家荣誉学会和盖洛普组织调查发现，73% 的公众认为，当前最严重的教育问题是缺少好老师。但公众没有意识到，成千上万的老师不去发挥自己的特长而在修补自己的短处上忙忙碌碌，结果，一代又一代的学生被这些为求面面俱到而不能充分利用自己的特长的老师们教育着。

　　当老师其实不必如此。数十年的研究证实，天赋能够发挥极大的力量。以能力为基础的教育会对学生产生显著的长期效果。问题在于老师们没有实用的工具，无法借鉴科学家们已经发现的研究成果。

　　读完本书，你会有所改变。在这本书里，你可以获得重要的研究心得，观摩好老师在课堂上的教学，了解他们在精心设计的访谈中的回答，学会分辨好老师与泛泛之辈。最重要的，你可以发掘自己有哪些当老师的天赋，以及激发这些天赋的办法。

第一章

好老师的非常规行为

好老师的教学方法与直觉是另类的，行事往往与众不同，但他们坚信："在对的时候做对的事。"

老师对学生的影响仅次于家长。大多数美国人高中毕业就完成了正规教育，有些人可能更早（只有三分之一的美国人上过大学），大多数人 18 岁就永远离开了学校。教育社会大众的责任几乎完全落在了小学和中学老师的肩上，所以中小学老师一定要优秀。

好老师的第一个共通点就是，行事往往与众不同。他们的教学方法与直觉是另类的，不像其他老师生搬硬套，好老师对学过或听过的东西从不盲目遵从。凭着直觉，他们想出各种办法，针对不同的学生因材施教。对直觉的依赖程度之深，也许他们自己都没有意识到。在海量的个案中，好老师都是靠着直觉达到了目的，教出了好学生。

弗雷德，纽约州的一名教师就是一名不墨守成规的好老师的典范。"我会毫不犹豫地拥抱每一个孩子，即使是正在哭泣的孩子。老师要保持师道尊严，但很多时候我不去管那些。就算因为拥抱那个正在哭泣的孩子会吃上官司，我也觉得值得，孩子一定受到了伤害。"

直觉让弗雷德不能容忍所谓的正确做法，事实上，那些所谓的"正确做法"是错误的。它会让孩子疏远老师，最终疏远学习。像你将会在书中读到的其他好老师一样，弗雷德不按常理的做法恰恰是此时最正确的做法。好老师一定会像弗雷德那样行事。在对的时候做对的事。这不是培训教育出来的，有时如此行事会带来麻烦，但好老师几乎都会说这样做是值得的。

好老师拥有教育天分

像弗雷德一样的好老师有何特异之处？在四十年的研究中，包括盖洛普机构对数千名老师的访谈中，提炼出了一些引人关注的结论。首要的一点是好老师拥有教育天分，而差一些的老师则没有。这种天分是自然的，也是个人独具的，它使好老师的表现与众不同。

好老师与差老师有别，好老师之间也存在差异，但好老师有一些共通点，其中之一是，他们知道以前获得的有关教学的知识并非全是正确的。

教育中的错误理念

好老师知道，在教育学中学过的许多东西是非常有用的，但也不尽然。好老师能够区分出何为有用，何为无用，这种鉴别力至关重要。否则对教学和学生行为一开始就抱有成见，学生们可能会越来越不喜欢学习，情绪受挫，对学习敬而远之，有时，这种倾向是永久性的。事实上，在与老师访谈中，我们发现好老师有两种共同的基本情感：一是爱心，即爱学生，爱学习，爱教育；二是对教学中所谓的传统智慧，其实是错误的成规十分不满。那么，好老师拒绝了哪些错误理念呢？

错误理念之一：一些学生天生就懒惰、叛逆、难管

国家教育协会（National Education Association，NEA）发布的《美国公立学校教师调查：2000—2001》中，调查了老师们是否愿意继续从教，如果不愿意，说明不愿从教的原因。只要有可能就想离开教师职位的老师中，57%的人表示不理想的工作环境与低工资让他们不愿意留下，8%的人说是行政管理问题，5%的人表示家长们让其难以忍受。只有4%的人表示，他们想离职的原因与学生有关。2002年，盖洛普组织的调查表明，76%的美国成年人认为，学生缺乏管教是学校面临的一个严重问题。许多老师说，尽管现在社会上待人接物的标准与过去不一样，但他们不接受年轻人天生就坏的观点。

有许多人认为年轻人天生就是捣蛋鬼，很显然，这里存在

错误观念。幼儿园老师达西说:"人们常常问我:'你一天到晚在幼儿园里日子怎么混啊?'我说:'你们确实不了解我的职业。'当你看到孩子们恍然大悟后脸上闪过的光芒,为这些我愿意做任何事。"

学生不是囚犯,也不是雇员。没有做这一行天分的老师,想象自己是给一群必须服从命令的俘虏讲课,那就想错了。国家要求学生接受义务教育一直到 16 岁,但没有人能强迫他人学习。学生们本质上是志愿者,好老师知道孩子们只有自己愿意学,学习才会有效。对学习兴趣的培养有一个过程,它是以心理上的联结为起点的。学习兴趣不能强迫形成。年轻人天生具有好奇心,而好奇心是养成学习兴趣的第一步。

心不在焉的学生学习不努力,这是他们被贴上懒惰的标签的原因,有时他们厌学还落后,就以行动来发泄压抑的情绪,因而被看成叛逆。有些学生在教室里被疏离,他们一点儿也不合作,让大家觉得他们太难管了。乔安娜是一名高中英语和西班牙语老师,她说:"你常听到一些学生很懒的说法,其实大家没有看到不少高中学生还在打工,他们下午三点半上班,一直要干到晚上十点、十一点,甚至午夜,有时会更晚。他们当然不想做任何事,因为已经筋疲力尽。那些不打工的孩子呢?许多孩子从一开始就没有学到最基本的技能,他们什么也不做是因为什么也不会做。"

好老师知道有些学生很难管,但凭本能也明白,几乎所有的学生的学习热情都是可以调动的。高尔老师说:"好老师才能教出好学生。"有经验的老师都知道,只要收服了最难管、最厌学的学生的心，班里的其他学生都会跟进。老师们无须压制、强迫、欺骗学生，相反，他们可以激励学生本身的兴趣，帮助他们学习，同时与学生建立起亲密的关系。

赢得叛逆学生的心是对老师巨大的褒奖。一次又一次的经历之后，好老师承认，最喜欢教那些有挑战性的学生。加利福尼亚州的老师维基说："我尤其被那些有点离经叛道的孩子吸引，这些孩子心思不定，不爱听讲，不守纪律。在这些表象之下还有一些特异之处，他们似乎与我相处得很好。"一名从得克萨斯州来的老师丹尼斯表示有同感："那些似乎很有潜力但因为某些原因不善利用这些潜力的学生常能激发我。在我看来，可能什么地方做得不对，如果你找到了哪怕是一小点遗漏，他们就能成为听话的、有活力的学生。"一位来自田纳西州的八年级老师杰基说："我想我接近叛逆孩子的原因是我喜欢挑战。"

所有人都需要激励，没人愿意八小时只盯着一堵墙。每个人天生都爱学习，尤其在 1 岁到 25 岁的阶段。最新的神经学研究表明，这一阶段，大脑发育出的神经分叉和联结，我们终生都将受益。好老师调动学生的需求、兴趣和好奇心，推动他们向学，就像一名老师说的："要吸引他们，而非讨好他们。"不是每个老师都能做到这一点，但好老师做起来很自然，不过他们常常没有意识到自己做了什么。正因为如此，他们对人们把不安分的孩子贴上懒惰、叛逆或难管的标签会很生气。给学生贴上难管的标签等于疏远他们，而好老师则不断努力，拒绝放弃所有的学生。

错误理念之二：人人都可以当老师

当老师要有教学天分，这是一种需要努力培养尽力发挥的天赋。认为人人都可以当老师，只会诞生平庸的老师，就像人人都能当医生、建筑师和警官一样，对这些行业毫无帮助。

这种假定对学生有害，对老师也没有好处。平庸的老师终其一生做着他们并不擅长的职业，时间长了也没有越做越容易的感觉，因此一无所获。好老师虽然知道怎么做才是正确的，可是为了与平庸之辈更好相处而被迫妥协，更有甚者，最出色老师的价值无法得到认可，他们被挤压进不适合他们的模板里，这个模板只能导致平庸。

认为教学与开车及做面包一样不需要天赋的观念，只会造就平庸的教学水平，只会造就平庸的老师，以及更为平庸、更差的学生。好老师对此很不满。一位老教师说："一直都如此，你没得可选，不得不按要求去做，这让我们很不满。只能随波逐流，心想但愿会有好结果，只好尽全力勉力而为，这就是为什么我转向行政工作的原因。我们中间的一些人甚至想自己开办学校，那样就可以按我们认为对的方式教学。"

错误理念之三：学历越高，经验越多，教得会越好

新老师在头两年，需要学习师范学校教学里没有涵盖的实际教学技巧，因此他们喜欢向有经验的老师讨教。有些新老师发现，从经验丰富的前辈那里确有收获，受人爱戴的前辈可以

帮助不少年轻人成为好老师，但不是资格老就一定教得好。有些老教师在教学上毫无新意，完全是负面教材，幸亏这样的人不多。

资历深不一定就优秀，发现这一点可能会令人失望，但这确实是事实。资历不能转化成工作上的优异表现，在教学及其他领域中都是这样。因为经验对工作表现的积极作用消失得很快，在大多数职业中，经验的作用在五年之后就会消失殆尽。

专家们集合几项研究成果，用数学及统计学方法对教学进行了整合分析，揭示了上述五年效益衰退论。教了六年书的老师在教师经验上的收获，与教了三十年书的老教师相比没有多少差别，说到大多数职业中的工作表现，世界知名整合分析专家弗兰克·施密特博士（2004）说：

> 最初五年在工作中学到的东西会急剧上升，五年之后，人们已经学到了足够今后运用的技能，经验多少对工作产生的效益区别已经不大，不再影响工作表现，此时天赋、个性和责任感等特质变得越来越重要，这些特质不会消退，换句话说，基于这些特质表现出来的工作能力才可能持续。

有某种工作天分的人年复一年会做得越来越好。有些老师有教学天分，而有些老师则没有，无论在教室里待多久都一样。因此，有些资深教师能够帮助年轻老师及学生，而有些资深教师则不会对别人有什么助益。

不幸的是，许多老师都没有认识到资历与才能是两回事。其实，学生们对资历深的老师无动于衷，只对热心从教的老师有所回应。那些没有教学才能的老师从事教育工作不久就丧失了热情。2000—2001 年度美国公立学校教师现状调查中曾问到教师，为什么从事教学工作，30% 的老师回答：投入太多，现在离开不值得。21% 的老师回答：如果他们可以再做一次选择，他们不会选择当老师。报告中说，这项调查结果表明："老师们在成长过程中，追求是会改变的。"无论何种解释，对学生都没有好处。

都市研究中心的高级研究员丹·戈德哈伯博士（2002）发现，对学生学习有所助益的选项之中，只有 3% 来自于教学经验和学历。他说：

> 大多数公立学校系统选聘教师和付薪时都是依据执业证书、教学经验和学历水平作为评估标准，这些方面的研究已经很充分了，但缺乏确切的证据证明这些评估标准与学生成绩表现有联系。当涉及具体科目的教学时，老师的学历似乎会影响教学水平，但高学历并不能成为整体教学素质评判的可靠标准。还有一些证据表明，有经验的老师教学效果更好，可是这种经验丰富的效益几年后衰减得很快。老师的专业能力，比如口头表达能力，可能也是有效的评判依据。不过，在这一点上，现有的证据很少，无法遽然下结论。目前也没有执业证书与教学水平相关的足够证据，有执

业证书的老师教学水平也有好有坏。

教学经验对学生的影响不如老师教得好来得大，半数老师拥有理科硕士学位，学位对教师自己远比对学生意义更大。请注意：虽然获得高学历代价昂贵（老师为进修平均一年花费2937美元），并且老师的高学历对学生成绩提高没有太多作用，但对老师自己还是很有价值的。

为你热爱的工作学得多，收益也会多，多进修会带来职业上的利益。48%的老师说，获得更高级别的证书相应会带来更高的薪饷。与那些和你一样喜欢教学的同事在一起，当然值得你花时间。不要妄想，更高的教育会把平庸的老师变成好老师，好老师不是这样培养出来的。

错误理念之四：师生间应保持距离

高中校长玛丽·贝思说："与学生如何相处代表了一切。28年前当我刚开始从教时就流行这样的观点：只要孩子们想学，不用介意他们喜不喜欢你。老师代表着苛刻，什么时候都不能放松警戒。从那时起，折腾了一圈，我才发现，师生关系才是教学成败的关键。"

许多好老师发现，给孩子们留下刻板严肃的形象让他们感到不安烦恼。老师的严厉做派等于把孩子们看成半饥饿状态下的狮子，躺着静观其变，瞄着老师不留意时，一跃而起地反扑，泯灭所有教学的希望，老师们最好把孩子们敲打进草丛中，规规矩矩的，否则老师就会失去权威。

视学生为得寸进尺的人而采取严加防范的老师通过威胁可以获得权威，但无法赢得孩子们的真心。采取这些防范措施，起因在于这些老师教学中管理不当，担心失去权威，甚至是长期对学生抱有敌意。

惩罚会断送学习热情，也会腐蚀老师。一位大城市的初中部教师简对此这么看："学习从来都是一种自觉行为。"在某些时间某些地方，老师应该严厉起来，不过，严厉管制与宽松管制的结果会有不同。监狱看守需要严厉管制，而好老师则运用各种宽松管制的办法。高中英语老师肯上课第一天就把管制调为宽松的基调："我告诉学生，老师在意他们，他们很重要。无论在不在学校，他们都是无价之宝。孩子们期盼亲和的老师，如果你表现出喜欢学生的样子，他们就会亲近你，想推都推不掉。"

肯（Ken）触碰到了基本事实，就是玛丽·贝思校长在前面提到的师生关系。好老师要做的第一件事是尊重学生，才有可能赢得学生的尊重。好老师知道，尊重是要争取的，它不是事先安排好的。并且，学生必须尊重老师，才会自重，才会相信学习很重要。正如一位老师所说："孩子们很快就知道谁在骗人，他们不明白为什么要听你的，除非你真的关心他们。"

老师争取学生的尊重，有时采取积极的方式，有时则会悄悄进行。无论如何，他们建立的都是积极的而非惩罚式的师生关系。建立关系的方法包括记住学生的名字、了解学生的兴趣爱好以便引导他们学习，花时间一对一的交流。高中学生对师生关系的基本需求与低年级学生一样。每个学生都渴求真正的人性化交往，这样才会学好。不止对年轻人，成年人也是一样。

盖洛普组织在对雇员的广泛调查中发现，成年人希望的工作环境是，主管关心下属，认真听取下属的意见。

错误理念之五：期望值更高一点

好老师不会给学生过高的期望，这似乎有点令人诧异。其实好老师给每个学生以适当的期望，他有一种确定期望值应该是多少的直觉。

一名城市的小学老师说："如果孩子们想达成某个目标，那么我主要的责任就是，帮助他们完善为实现目标所做的各种活动。孩子们往往没有远大的目标，但目标是为自己而设，对他们来说，这个目标很重要，如果孩子们相信有能力做得更好，他们就会去做。"

每个老师必须制定和遵守基本准则：准时到校、提前备课、集中注意力、认真参与。除了这些准则之外，还应有对学生的期望，这种期望与学生的学习成果有直接的联系。一名数学成绩是"C"的学生下次考试时希望他能得"A"，这是一个过高的期望值，正确的期望值应该是，经过认真培训，完成额外的练习，到11月他能学好三位数的除法，把成绩提高到"B"。另外一个过高期望值的例子是，一名学生中途不休息就无法绕场跑一周，却期望她能赢得运动会冠军。适当的期望值是，让她课外加强练习，速度提高20%。过高的期望值只是一种希望，适当的期望值则是一种计划。

过高期望值可能被误解成无法企及的目标，尤其是对学生而言，甚至老师也会这么想。这种不切实际的期望不仅不能激励学生向更高的目标迈进，还会给学生带来挫败感。这么做无助于学习，反而会让学生自卑。随着年龄渐长，有些学生甚至不再为那些期望而努力，这也意味着，他们放弃了赢得老师的认可。在调查中老师告诉我们更糟糕的情况是，有些学生无法分清，哪些是过高的期望值，哪些是他们可以达到的目标，一旦到这一田地，每一个较高的期望值在这些学生看来都变得难以企及。

过低的期望值也是有害的。某些例子中，容易实现的过低期望值被认为有助于学生树立自信。经过最初的几次成功之后，即使是年幼的小孩也清楚什么是空幻的成功。过低的期望值等于暗指，学生没有能力做得更好。过低的期望值妨碍学生，无助于他们通过开发新才能来拓展、延伸现有的能力。这样的期望值只能导致学生的平庸。有位老师说："这就是我痛恨应试教育的原因，它不能给孩子们做得更好的动力，使他们只求通过考试。"

1968 年，哈佛大学社会心理学博士罗伯特·罗森塔尔进行了一项期望效应的研究。他和他的团队在学年开始时给芝加哥一所小学的 650 名学生进行了一次智商测试——哈佛大学智商增长测试。他们告诉老师，这个测试可以预测哪些学生智力会有突飞猛进的增长，会有惊人的收获。他们把有潜力的学生名单告诉了老师，这个名单占全体学生的 20%。他们还告诉老师，这些孩子的智商会戏剧性地增长，如果发现增长了，请像所有好老师一样，给予学生鼓励。

学期末和学年结束时，这些学生又进行了测试。结果相当惊人。被认为有潜力的学生和一般的学生在总分、语文和推理方面都有所提高，但47%的有潜力学生提高了20分或更多，而只有19%的一般学生提高了同样的分值。

最令人吃惊的是：这个测试其实没有预测力，根本没有价值。哪个学生被贴上有潜力的标签是随机的，唯一的区别是对不同组智商的未来预期和学年结尾时的考试分数。罗森塔尔把这个称作"皮格马利翁效应"，因为学生的成绩明显是老师促成的。期望十分重要，适当的期望对学生个人会起到关键作用。

错误理念之六：夸奖会冲昏孩子的头脑，批评才会让孩子正确行事

好老师喜欢看到学生学习，对学生的成功会发自内心的满意，也会在课堂上表现出他的赞扬。具有35年教龄的资深小学老师希拉说："称赞学生们取得的或大或小的进步，都会促进他们能力的提高。如果你指出他们做得好，他们会做得更好。"

认可不是溺爱，也不会带来灾难性的后果。相反，如果在公开场合，尤其在孩子们取得真正引以为豪的成绩时夸奖他们，这种认可就是一个强有力的推进器。好老师知道，表扬数学测验中常得100分而这次又得了100分的孩子，与表扬常得70分而这次得了87分的孩子，表扬后者的意义会更大。（比较高明的表扬是点出提高了17分，而不是提总分）遗憾的是，有些学生通常没有这么辉煌的时刻，但好老师总能发现学生的专长，不管班里的排名，只就这一点夸奖学生。

音乐老师罗斯发现，有些学生只有在表演音乐节目的特定

时间才能获得掌声,这种掌声当然是给整个团体的,不是给个人的。她说:"我总想以某种方式让每名学生因为个人的表现得到真正的掌声。我希望每个孩子都有获得掌声的理由,于是积极地寻找给予掌声的理由,我总能找到。这对他们有很大的意义。"

研究表明,公开表扬越多,学生的进步越大。80年前,伊丽莎白 ·赫陆克博士针对四年级和六年级学生的数学学习做过一项研究。依据头一天数学测验成绩,她把学生分成四组,四个组分别称作A、B、C、D组,连着五天,各组进行难度相同的数学测验。每天发放试卷之前,A组是当着全班的面,点名表扬头一天考得好的学生,而B组则是当着全班的面,点名批评头一天考得差的学生。C组完全被忽略,尽管A组被表扬,B组被批评时,C组就在现场。D组则被屏蔽,既不知道自己的分数,也不知道其他三组的情况。第一次测验后,D组就与其他三组分开了,他们在一个单独的教室进行剩下几天的考试。

A组和B组第二天的考试中分数大幅度提高,而C组和D组则没有明显的变化。第三天,更为戏剧性的事情发生了。A组的分数变得更好,这种增长持续到最后一次考试。结果,A组分数最终提高了71分。B组分数最终提高了19分。而被忽略的C组学生表现如何呢? 他们仅有区区5分的提高。这个研究至少表明,公开表扬意味着66分的差距。

错误理念之七: 神奇教学法对所有的学生都适用

老师也有累的时候。有时刚忙完一个"神奇教学法",另一个新教学法又接踵而至。老教师们看着神奇教学法此起彼伏,有些停留的时间长一些，有些则忽起忽灭。下一次退休老师的欢送会上，不妨问问这位退休老师，什么教学法最好。他可能说不上来，却有在教学法上遇到的苦恼告诉你。

好老师之所以认为神奇教学法是瞎扯，因为他们知道每个学生都是不同的，学习的方法也各异。幸好人的头脑有相通之处，教育者无须为每个孩子发明新的教学法。没有一种教学法既能满足一般教学，又能针对学生个体需求。

再则，神奇教学法无法涵盖老师本身的各种差异。某年对某个老师很见效的方法，运用到另外一个班就未见得灵，对另一个老师来说也不一定适用。内布拉斯加州的中学老师希思通过卡片来强化教学，他解释说："我有几个装着贴有各种人物的卡片箱，孩子们把想法填在卡片的圆框上，用写的方法，不用说话，这样孩子们学起来更容易。"这种方法对希思来说很适用，但不一定适合别的老师。

软式控制专家肯依靠他所谓的"廉价戏剧法"。他说："当讲到恺撒被谋害时，我用纸板做了一把宝剑刺向自己；当小说中有一场暴风雪时，我让灯一闪一闪的；有一天，我居然发现自己站在桌子上。那天早上起床时，我并没有计划要站在桌上讲课，这是即兴的，如果能把《红字》中主人翁迪姆斯达勒的遭遇表演出来，孩子们就会增进理解，会被作品吸引住。"事实上，肯的每个学生都被吸引住了，但其他老师会觉得，站在桌子上表演《红字》像个白痴。不同老师适用不同方法，不同方法适合不同的学生。

这就是为什么在课程、教学方法和理论等方面好老师会在被允许的范围内有所取舍，留下有效的方法，剔除其余的。在教学及管理岗位工作了 28 年的玛丽·贝思说："最好的指导者要给孩子们留有选择余地，让他们用自己的能力来挑选。好老师知道，一种教学法并不适合所有人。"这或许是老师们毕业后再进修的最好的理由之一，老师进修更高的学历对学生学习提高的帮助度只比没进修的普通老师高 3%，但进修确实会给老师带来更多有趣而实用的教学方法，这是他们在其他地方难以一见的。

错误理念之八：老师必须永远喜欢所有的学生

要对一天里哭闹三次的孩子始终喜欢，这对有理性的成年人是不切实际的。大多数好老师说，他们真的喜欢学生，但也并非每时每刻都这样。

根据 2000—2002 年度美国公立学校教师调查表明，73% 的人当老师是因为"喜欢与年轻人在一起"。好老师所说的年轻人不是指每个孩子。与年轻人在一起有多种方式，不一定要经过多年师范教育和相对低的薪资来获得。事实上，尽管好老师一般会喜欢年轻人，但他们真正喜欢的是爱学习的人。他们喜欢帮助别人的进步，乐于知道在别人的生命中自己扮演了重要的角色，高兴别人记住他们在教育上的贡献。好老师尊敬和喜欢尽到学习本分的学生，他们为了渴望学习的年轻人而成为老师。然而就算最好的老师也明白，没有一个人能做到永远喜欢所有的学生。

说实话，有些年轻人实在不招人待见，尤其是对什么都满不在乎的孩子。但据我们所知，有些老师就喜欢这种学生，而且这种老师还不在少数。被难管教的学生吸引的老师并不想当烈士，也不是发疯了。像好老师一样，这些老师乐于帮助孩子学习。没有比让厌学的孩子经过努力认真学习更令老师开心的了。

从纽约来的弗雷德老师说："我班里有个小男孩，以前教过他的人都说他是一个真正顽劣的小火枪手。他曾经因为做了某件错事挨批，从此被贴上麻烦制造者的标签，再也无法摆脱别人眼中的顽劣印象。我给了他自我平反的机会，结果证明他根本没做那件事。其他人对他的印象才好起来，从那天起，他这个火枪手的火力只剩下一半了。"

对付调皮捣蛋的学生，成功老师普遍采用的战术，就是在这种学生周围建立一个网络。老师尽可能地让学生家长、教练和其他老师参与，有些情况下，社会工作者和心理医生也会加入，以求给调皮学生创造一个上学很重要很有价值的环境。好老师知道，孩子们并不是不可救药的，他们只是存在与学业相冲突的问题。当这个网络建成，学生有了进步，老师们的欣慰是无与伦比的。

这种网络技术总是管用的说法可能纯粹是胡说八道。有时这种网络无法建立起来，或者学生无法受它监管。某些案例中，老师在学生身上花多大力气，就会伤多大的心。就像弗雷德所说，"我说过想放弃一个孩子，但从来没有真正放弃过。"

好老师做的三件"错"事

如上所述，好老师的观念异于常人，行为也与众不同。他们的表现与师范学院和研究生班里学的理念正好相反，属于非正统、超乎寻常的一类。好老师并不是一开始就想非正统，他们这么做不是为了好玩。依据正统教育的理念行事，在某些时候恰恰是最糟糕的，等于给孩子的教育带来困扰。好老师最明显的特征之一，就是为了正当理由，根据他们的意愿去做传统教育里认为的"错"事。这里有三个好老师做的"错"事的例子。

"错"事之一：灵活应变

好老师会认真备课，但不会顽固不化，有时他们自由发挥，因人施教。一名八年级英语老师说："我的一个学生有阅读障碍，在拼写测验上有很多单词都不会写。另外一个孩子来告诉我：'能不能让布赖恩在我面前大声地读出单词，再拼出来呢？我把他拼的单词记下来，你再检查他拼得对不对，这么做更适合布赖恩。'我当然同意，布赖恩从此成绩一直很好。"结成小组学习拼写不是这个老师常用的教学法，但这样随机应变的办法确实帮助了布赖恩。

好老师的教法因班而异，因时而异，但并不会混乱无序，让学生无所适从。乔安娜说："我会有所规划，让学生知道整个学期大致的情况，不过我也做一定的改变，适当增减，视学生学习状况而定，不会匆忙行事，在日常基础之上顺应当时当地的情况，因为你每天面对的学生的表现是不同的。你不得不采取多变的教学法。"

好老师有一种能力，能找出在学习环境中大多数学生能适应的学习边界，树立学习基准，让大多数学生跟上进度。好老师教法的与众不同是灵活性的产物。中学英语老师简说："我有一个计划，但常常会忽略这个计划，因为我要因人因事而变。"

"错"事之二：师生共管

好老师不会用铁腕管理班级，而是赞成学生参与管理。他们让学生成为班级管理的一部分，帮助学生对自己的学习负责。一位老师这样说："我常告诉他们，自己的分数自己争取，分数不是我给的。"这种做法创造了一种互助合作的氛围，发挥了很大的作用。它让学生负责自己的学习，这是极其宝贵的课程。简说："孩子们有选择失败的权利，尽管我希望没有人这样选。"很简单，当学生们负担起自己学习的责任，他们变得更加独立和可靠。

"错"事之三：情感投入

好老师在教学中会自掏腰包，平均每年多花费 443 美元来购置教学材料，规模较大的学校可能要花到 470 美元。用金钱来衡量老师的情感投入有些过于简单，但它证明了很重要的一点，老师们关心学生学习能力的提高，不惜经济上的某些损失。

好老师知道，这只是在学生身上投注情感的部分表现。

好老师会用言语和行动来关心学生，并以学生为荣。好老师为学生的成绩而骄傲，也会在学生的成长中投入大量的精力。情感是非常有力量的，很容易传达，年轻人的反馈也很积极。情感是生命的一部分，刻意压制情感会降低教育效果。就像一位老师说的："不苟言笑的老师令人生畏。"

学生们从那些与他们共欢笑、共开心，有时共哭泣的老师那里学到的东西更多。来自田纳西州的杰基说："有个周一早上，一到校我们得知班上一名学生周末出了意外死了。他在轿车上被枪杀，后被抛尸街头。那一天，孩子们一直沉浸在悲痛之中。我们谈起这件事。我说这是一件痛心的事，想哭就哭，结果我哭了。我参加了丧礼，非常难过，我的感受与孩子们的感受是一样的，这一点必须让他们了解。"当学生们从老师那里看到真实的情感流露，他们知道教他们的人是一个真正的人，而老师在课堂上也树立起了威信。

轮到你了

如上所述，好老师会调动先天的不寻常的能力来接近和帮助学生学习，这个能力往往被解释为天才，其实许多老师没有认识到，这个能力是可以通过各种途径学习提高的。这些你将在第二章中学到。

练习

你已经了解了好老师的共同特点及行为表现，毫无疑问，部分特点及行为在一般老师或者你自己身上也会存在。现在，仔细回忆一下，你曾经遇到过的好老师的性格、特征和行为，然后记录在本书上。这本书是为身为教育者的你而写，确切地说，这本书是帮助你探索你自己的书。下面的练习，会让你发现你的教育天赋，会让你努力调动自身才能。

1. 你见过的最好的老师叫什么名字？
2. 那位老师曾经否定过哪些错误观念？
3. 那位老师做过什么不寻常的事？
4. 是什么让你对那位老师一直记忆犹新？他对你产生了什么样的影响？
5. 有什么事是那位老师做过，而其他老师从来没有做过的？
6. 你对那位老师的印象如何？
7. 你有没有在自己的班上借鉴那位老师的做法？

第二章

怎样成为好老师？

研究病人不见得有助于了解健康人。如果你想了解健康人，你只能研究健康人，以及他们的养生之道。

借助能力心理学，深入了解好老师之所以优秀的原因。学习好老师的教学想法、教学方式，管理自己的弱点，做自己力所能及的改变。

在前面的章节里，我们探究了盖洛普机构调研过的一些好老师的态度、想法和做法。了解其他老师的做法，对我们很有启发。这里需要反复重申的是，无论好老师所处的地域、教授课目、学历水平，还有个性特点，他们都具有共通点。在本章中，你将获悉出现共通点的原因。首先我们来看看，这些好老师在课堂上是如何表现的。

如何评估学生成绩？

1999 年，在盖洛普机构的一份问卷中，89% 美国公众支持给表现优异的老师加薪，61% 的公众支持给老师减免税负。2001 年，54% 的公众表示，如果老师增加的薪水与学生们提高的成绩相关的话，他们愿意交更高的税。显然，如果能给青年人更好的教育，人们愿意承担更高的税负。

学生成绩的好坏很难评判。是采用全国的、全州的、地方上的标准试题来测试？还是采用老师们自己的、教育局的、外聘专家们的非标准化试题来测试？从幼儿园到高中，是采用写论文式测试、组合式测验、有标准参考答案的测验，还是不考试？"无落后生法案"（No Child Left Behind Act）解决了要不要考试的问题，现在各州从三年级到八年级都有某种形式的全州考量标准和全州测验。

率先采用全州测验的田纳西州，将进一步就学区、学校、教师对学生成绩的影响进行评估。

田纳西州的学习评估模式

每年春季，田纳西州三至八年级学生及中学生都要参加成绩测试，这种测试是田纳西州学习评估计划（TCAP）的组成部分。较小学生的考试科目包括数学、科学、社会、阅读和语文。中学生必须通过代数一级、生物一级和英语二级考试，另外，四门主课每学年年终都有一次大考。

测试结果经过评估，可以判定学生在某个课程上的长进程度。学生的长进，被视为一年教育在学生身上增加的价值。田纳西州学习增值评估系统（Tennessee Value – Added Assessment System, TVAAS）使用统计学混合法，可以对学生成绩数据做多变量纵向分析。换句话，就是根据学生一年的学习，收集数据，绘制出学生教学获益表。

经过数年之后，累积的数据就可以显示，每名学生从每一年级、每门课程、每位老师处学到了多少东西。每名学生和每位老师的资料都是保密的，但公众可以从州政府了解学校系统和某一学校的总体情况。

有效的评估制度是怎样的？

许多老师可能会因为被评估而心情紧张，甚至一些好老师也会有教学低谷期。学生和老师每年在期中、期末、年终进行三次评估，记录下来的是三次评估的平均分，差的评估分会分摊。学习增值评估制度显示的是学生学习数年的动态弧线图，不是简单的某个成绩。当然，弧线本身也显示了老师教学水平数年的动态过程。好成绩与坏成绩平均之后，对于每名学生和老师，出来的结果都是学习过程中综合的平均数据。

评价结果与学生的表现紧密相关。尽管教学过程中，某个时期老师会有不良表现，但整体评估不会埋没老师的教学能力。评估制度让研究者与田纳西州学校的管理人员更有效地评估学区、学校和老师们的教学成绩。这个评估并不是完全精确的，对学习增值评估系统一直存在争议，田纳西州的评估制度尽管有局限，但它给我们提供了一个视角，让我们更多地了解了老师的重要性。

这项研究成果卓著。学生在某门功课上每年的进步，无法用学生的种族、年龄、家庭收入、班级大小和文化同质性来解释。无论学生是何背景，好老师才是影响学生进步的关键。

学生可能进步，也可能退步。TVAAS 评估结果显示，教得好的老师对学生的有益影响可以持续三年，而教得差的老师对学习的负面影响也会持续三年。所以，不管老师教得好还是不好，都可以用三年时间来评测出老师对学生学习的影响。创立了学习增值评估系统的心理学家威廉·桑德斯写道："教得好的老师接手教得差的老师的班，在一个学年中，学生学习会有极大的收获。然而分析结果也指出，教得差的老师残留的影响在下一年的学习成绩中依然能够显现。"

学习增值评估系统多年研究成果表明，老师的影响力是学生成长中压倒性的因素。"影响学生学年成绩最重要的因素就是老师。几组最初成绩及能力相近的学生，因为安排的老师不同，学年成绩会有巨大差异。"桑德斯发现老师在学生成长机遇中扮演了最重要的角色。事实表明，老师的重要性几倍于其他因素，老师的价值远超大家的认知。

了解了学习增值评估系统的结果之后，我们明白了好老师在教育上的关键作用，作为教育工作者还有一些问题：好老师的特性是什么样的？学校主管或校长如何找到好老师？如何区

分好老师与差老师？为了让每个老师都能成为好老师，我们应
该做些什么？正是这些问题激励着盖洛普机构对教育进行了多
年的研究。

克利夫顿的早期发现

早在 20 世纪 50 年代，内布拉斯加大学教育心理学家唐纳
德·O. 克利夫顿博士就对老师的影响力产生了兴趣。现在克利
夫顿博士是盖洛普机构主席，盖洛普大学校长，盖洛普许多研
究项目的幕后推手，不过当时他还在内布拉斯加大学教授教育
心理学的课程。他最初的工作之一，是从教授或高年级学生中
挑选和培训新生辅导员，帮助新生发展学术、社会、领导及创
造能力。一些新生非常不满，认为与辅导员见面完全是浪费时
间；另外一些新生则认为与辅导员会面是他们在学校里最好的
经历。很快，克利夫顿博士就发现，所有抱怨的同学见的是一
群辅导员，而感觉好的同学则见的是另一群辅导员。

克利夫顿近距离观察了这些新生辅导员，他发现最被学生
喜欢的辅导员都有共通点，有类似的想法、表现和感受。于是，
克利夫顿组织了一个研究小组，开始仔细研究新生辅导员，据
此他设计出了辅导员挑选方法，并且取得巨大的成功。

这些研究衍生出了其他项目，其中之一就是，为海军预备
役培训军官所做的研究项目。只有 19% 的学生可以完成预备役
军官训练，克利夫顿博士对这些学生进行研究，然后预测下一
个班哪些学生可以完成，克利夫顿推荐的学生中 78% 的学生完

成了训练。

克利夫顿说："预备役指挥官在校园里逢人便说，克利夫顿的水晶球很灵验。作为一名心理学家，我根本不会这么想。当你用科学方法工作数百个小时之后，你不想让别人认为预测出自灵异之感，这是辛苦工作的产物。"

克利夫顿博士在内布拉斯加大学是一位很受欢迎的教授，带过许多研究生。他与博士生和硕士生一起，做过人际关系、积极心理学、师生关系等的多项研究。他最感兴趣的是，研发出一套预测老师未来表现的测试工具。20世纪60年代，他和学生们进行了许多研究，拿克利夫顿研发的教师优势识别器与其他的同类测试工具相比较，像学生给老师的表现打分，教学行政部门为老师的表现打分等。这些原创性的研究成为克利夫顿后来思考及研发的基础。

最终，克利夫顿从内布拉斯加大学辞职，开办了自己的公司——挑选研究公司，这是盖洛普机构的前身，这样他可以投入更多的时间和资源来研究人的才能，以及如何发现和扩展才能。他获得了巨大的成功，美国心理协会授予克利夫顿总统嘉奖，称赞他为"能力心理学之父"。过去的40年间，在世界各地数十个行业、数百种职业（包括教师）里超过200万人成为克利夫顿的调查对象。

事实上，这项从预备役军官和教师能力开始的研究，揭示出一些不分职业类别的、有关职业表现的真理。这项研究彰显了原先潜藏的规则，个人的差别影响着他们工作的方式。每一个人都是与众不同的，大多数时候各有各的想法、感受和行为方式。盖洛普机构将这些经常出现的想法、感受和行为方式称作优势天赋。

听起来像老生常谈，然而这些原则实际上与我们原先受到的教育完全不同，并且它改变了心理学某些分支的研究，创造了心理学新的分支——能力心理学。你将在后面的章节中读到更多，能力心理学本质上是研究人做自己力所能及的事，而非力不能及的事的一门科学。

这么多年过去了，许多老师发现能力心理学有相当好的启发和舒展身心的作用。有25年教龄的中学老师凯茜说：“它证实你的能力，让生活更轻松，是一个相当有价值的工具。它教会你比以前更能欣赏其他人的才能及做事方式。”能力心理学的其他好处还有，它消除了一些有害的教育误区。

挑战传统观念

能力心理学如何挑战传统心理学观念？以下是几个明显的事例。

首先，人们一般认为，职业角色基本上是类似的，只有能力高低差别。传统观念认为，平庸的老师和称职的老师，勉强称职的医生和优秀的医生之间可以按1到10的基本分打分。人们认为职业不同，评价方式就没有类比性。事实是，在各种工作岗位上，表现出色的人具有非常高的相似性，非常优秀的老师与有才能的航空工程师之间的相似性远远大于他与平庸的老师之间的相似性。

这是怎么回事?其实,无论做什么工作,做得最好的人都是在这个岗位上有特殊天赋的人,优秀的教师、医生、航空工程师所处的岗位不同,需要不同的责任和能力,因此表现出的专业行为可能不一样,但是所有表现优秀的人,包括优秀工人,几乎都拥有本行业上的天赋。由 200 万次访谈结果显示,尽管存在个体差异,在工作中表现得最好的人回答开放式问题时的答案,却有惊人的相似之处。

其次,传统观念认为,对工作中表现最差的人做研究,可以提醒我们不要做什么,然后反其道而行,我们就能从中得到启示应该怎么做。表现差的人是前车之鉴,以利于我们别犯他们那样的错,取得成功。这个观念简直是无稽之谈。对表现差的人作研究,最大的可能是让你了解失败的原因,只有研究优秀的人才能更多、更有效地揭示出成功之道。

第一次世界大战以来,心理学和医学使用了病理学模式:研究疾病,找出疾病的起源及治疗方法。这种模式让我们了解了疾病的各种情况,但研究病人不见得有助于了解健康人。如果你想了解健康人,你只能研究健康人,以及他们的养生之道。

同样的道理,如果你想了解差老师为什么教得不如人,那就去研究差老师,但你无法从中知道好老师的成功经验。想了解最好的,就去研究最好的。这就是为什么盖洛普机构安排了这么多访谈,寻找最好的老师,分析好老师的共通点,而不是去寻找好老师与差老师之间的区别。失败的反面不一定是成功,不如直接去研究成功者。

再次,一直以来,传统观念认为人的某些特性,如移情、竞争性、好奇心等无法量化。事实是，这些人的特性会产生效果，而这些效果是可以测量的。通过测量这些难测之物，提高成功的几率。

举个例子，一名老师注意到，只有很少的那一拨学生总在回答问题，他想要所有的学生都能参与，于是他在班上说，希望看到更多的人积极举手发言，每个人都来参与是很有价值的，发言无论对错，都有积极意义。如果没有进一步的行动配合，那些刚刚起步的学生就会又退回老模样，所以他必须有个测量标准，当然，他无法测量出班级参与度，那太抽象了，但他能测量参与的成果。例如他能数出多少学生举过手，然后记下他们的名字，也能看到以前积极发言的那一拨同学逐步把发言机会让给安静的学生。老师评价认为班级参与度提高了，学生们则会受到更大的鼓励。

对不可测的事物进行量化，这是田纳西州学习增值评估系统之所以重要的一个原因。它科学地证明了老师之间的确存在差异。好老师之间存在差异的事实还引起了争论，记得那个"人人都能成为老师"的神话吧？

盖洛普机构研究了世界各地最好的老师，发现了评判教学成功的方法，当然他们没有研究差老师。从这些年调查分析中，学到的最有价值的一课是破除了"老师都差不多"的有害误区。

美国神话

大家一直以来受到的教育是，只要功夫深，铁杵都能磨成针。在美国社会尤其如此。在美国，一个占据统治地位的神话就是，只要足够努力，你就能心想事成。乍听起来，这种说法激动人心、让人备受鼓舞。这是美国梦的核心。

事实上，这种说法是没有根据的，相反会带来灾难性后果。在真实的世界里，如果没有那种在相互冲突的利益中找到共识和管理众人的天赋，你就无法当好一个校长。如果一个老师不是真的喜欢井然有序，他所带的班也不可能整洁。如果你喜欢和谐，争论与纠纷令你不快，你可能无法做一名成功的辩论教练。其实大家凭直觉都能明白这一点，但从小受到的教育告诉他们，他们可以做任何事，只要试着去努力，努力，再努力，他们一定会做得更好。

不要听这种鬼话，它毫无价值。

听起来这是一个令人震惊的结论，常会引来非议。许多人认为熟能生巧，这当然有可能。如果你下了苦功，肯定会比刚开始时做得好。学了多年钢琴的人，一定比初学者弹得好。第二十次演讲必然比第一次讲得好。

你不可能做任何事都是世界水平，事实上，无论怎么努力，有些事你永远只能做到勉强及格。为什么呢？因为在这些事上你没有顶尖天赋。不过，你有天赋的事做起来则会事半功倍，在有些事上甚至能超水平发挥。这种看法就是能力心理学的核心理念，它远比"只要你想，你就能做任何事"的鬼话更为高明。

这种看法让密苏里的教师帕姆感到兴奋，她说："我现在再也不会为做不好某些事而难过了，而以前大家不感兴趣的事，我却做得很好，有时会心生愧疚，现在感觉好多了。"她补充说，能力心理学"给了我动力，使我能帮助别人勇往直前。我比较能接纳别人，也很高兴地知道我就是我，我很好"。

天赋才能是如何形成的

大家说到天赋，多数时指的是进行特定活动的才能，像艺术或运动天分。我们谈到有天分的歌手、长跑健将、画家或足球运动员。莫扎特是天才型作曲家，老虎伍兹是天才型高尔夫球手。这种天赋的定义比本书中的天赋宽泛了一点。

盖洛普机构通常定义的天赋指自然产生的、可以加以应用的思考、感觉或行为模式。天分是凭直觉、无意识的，甚至平时很少关注到的思考、感觉和行为模式的综合。你不能通过读书来获得天赋，也无法通过经验来获得它。天赋是天生的本质，你是什么就是什么，不是什么就不是什么。

把个人在特殊领域内的天分与相关技能和知识结合起来，就能形成一种能力，这种能力持续发挥，可以达到几乎完美的水准。你可能注意到，"自然的"或"直觉的"在前面的章节中多次出现，这不是偶然的。天分是天生的，无法灌输、习得或改变，但可以被识别和培养。

对天分的这种认识给人带来不少安慰。资深老师和学校管理人员马拉说："了解了自我及占主导地位的天赋特质，让人轻松不少。我不可能事事精通，也不可能所有的事都自己做，仅仅清楚这些就减轻了我的不少压力和负担。"

我们无法学习新的天分，也摆脱不掉已有的天分，因为天分是我们头脑构建方式的反映。你有教育天分，而你的妹妹可能就没有，这可能要归结到某些与神经元的突触一般细小的事物上，或者说是数千万的突触作用的结果。突触是脑部神经元的连接处，可以让脑细胞彼此勾连。脑细胞的勾连成就了你的思考、感觉和行为模式，因此几十亿人有着相似的身体构造，而表现出来的却千差万别。

神经学家发现，人的头脑有着相似的结构类型。卵子受精不久，就是第 42 天，大脑发育出了最关键的环节，这一天，第一个脑细胞——神经元，诞生了。接下来的四个月，每天 24 小时，每秒产生 9500 个神经元。四个月后神经元激生结束时，脑部积累了亿万个新的脑细胞。再过三个月，脑部神经元的空隙处开始构造突触，每个神经元长出类似线一样的物质，以连接其他细胞，称作轴突。连接建立，突触形成，直到孩子出生后，神经元还会不断构建突触。当孩子三岁时，亿万个神经元中的每一个都要构筑出 15000 个连接点。接着，那些连接点开始断裂。

人长到 25 岁，身体发育完成。大脑基本长好，一半的神经突触的连接已经断裂。这也是好事。飞速成长的婴幼儿大脑忙着接收各种刺激，却不太明白其中的含义。如果到了成年，神经元的连接还在继续，我们可能就会残废。所以，3 岁到 25 岁之间（主要在 15 岁之前），我们的大脑开始了数量控制的过程，加固某些已有的连接，忽视其他的连接。如果你恰巧教的是处于青春期的学生，可能会注意到他们常常无法做最好的判断，因为他们大脑中控制判断力的这一部分还没有完全长好，要到25 岁左右这部分才真正完成。

头盖骨的建构感觉上是一直减少的过程。大脑像原子核反应器的核心，不过这个过程只有三年时间，之后开始失去那些费力建成的东西。这是什么用意？这是因为有些神经元连接非常有用，于是为了专注这部分连接，不被那些你不需要的连接分心，人体的本能关闭了亿万个不常用的连接。

韦恩州立大学医学院儿科、神经科及放射科博士哈利·丘盖尼博士提供了这样的类比："交通量大的路要拓宽，用得少的路逐步荒芜。"脑细胞间的连接就像无数条道路，我们经常用的变得像八车道的高速路一样越来越宽，越来越快，越来越容易通行。这些道路类似我们最出色最有优势的天赋。很少用的连接像市区街道，狭窄而僻静，走起来很慢，但有时也能把我们带到要去的地方。迫不得已而用到的连接就像碎石路，缓慢、艰难、坑坑洼洼，甚至像密林中杂草丛生的小道，即使我们想走也无法通行。对此我们确实无能为力，是本能、教养及经验的灌输与维护让这些连接逐渐消亡。

大脑中的路径，也就是你的天赋，让你成为你自己。天赋的精细超出你的想象。当你回家，你是把鞋子脱到门口，放进鞋柜，还是到上床睡觉前一直穿着鞋子？你的伴侣瞒着你，为你举办一个惊喜的聚会，你会开心、焦虑或生气？你是喜欢下棋还是玩填字游戏？这些看似不重要的行为却是天赋的线索和表征。一个古老的、几乎被人遗忘的研究可以显示出天赋如何在教室里发挥作用。

20 世纪 50 年代，内布拉斯加州学校教学研究会资助了一项关于快速阅读的研究。他们在内布拉斯加州选取了 6000 名十年级学生，测试了三种快速阅读的方法——视觉记忆测试镜、视频强化仪及全力投入。你认为哪种方法效率最高？三种方法都差不多。在每分钟单词的接收上，这三种方法没有多少差别，唯一的差别只在个别学生身上。所有接受测试的学生都进步了，但一开始就读得快的学生进步最大，从开始时的每分钟平均 300个，到最后达到 2900 个单词量。

人脑中没有应付快速阅读的部位，所以阅读速度快的学生的智商并不相同。他们在这次测试中表现出来的，与读得慢的同学所欠缺的，是许多有助于快速阅读的天赋，这可能也是这些学生在接受各种方法培训之前就读得快的原因。进步最小的学生，从每分钟读 90 个单词，提高到 150 个单词，他们可能没有快速阅读的天赋，所以他们不能从中获得更多收益，无论他们如何努力，都是一个结果。

控制弱点

在不擅长的事情上为了证明自己什么都行而不断努力的观念是一个误区。每个人都有一组独特天赋，可以大大发挥，成为各种能力的基石。当你忙着去修正比较差的天分，也就是弥补弱点之时，你正在忽视更有效的天分，甚至会埋没已有的才能。

不幸的是，大家对弱点的了解，往往多过对能力和特长的了解。弱点被看成一个问题，为此可能令人受窘，再加上可能被别人指出来过，所以大家对自己的弱点非常清楚。病理学的方法不止用在心理学领域，在其他领域，包括教育领域中也是一个标准做法，所以大多数人会花费可观的时间去修正自己的弱点。

然而修正弱点是不可能的。弱点是大脑中坎坷的道路，是那些杂草丛生的小径，让它们变得有用毫无效率，尤其当八车道的高速路只在几个神经元之外的距离时更是如此。在弱点上下工夫意味着你用巨大的决心持续地做着你不可能做好的事，费尽心力，你所期望的最好也只是勉强及格而已。

专门以教育话题写作的作家珍妮弗说："我数学不好，其他功课都挺好。我同时上数学强化班和实验班。六年级时，每周请一个数学家教。上了中学，每年暑假我都把数学练习带回家，重做全年的练习题。大学时我的数学更差，数学考试每次都不及格，最终我选了一门数理逻辑课，因为这是我唯一可以及格、又合乎选课标准的科目，我得了 A^+。"

直到后来，珍妮弗更多地认识到自己的天赋——分析、成就、执著和理念，才明白在这么难的数学课里她能得 A^+ 的原因。她说："这些年来，我试图用不擅长的记忆法学习数学，而不是用我擅长的逻辑分析的方法，逻辑分析才是我最强的专长。想到花费了这么多时间来解决我的数学问题，却无法关注我天生擅长的事情，我后悔之极。"

从某种角度来说，你的弱项就像你的强项一样，它们是天生的，你无法改变。最好的办法就是设法管理或另做他想。我们忘记了其他的人能帮助我们处理弱项，我们总以为其他人的弱项与我们都一样。因为熟悉自己的弱项，它们是如此贴近，在脑中根深蒂固，因此我们把弱点看成了普遍存在的，其实不然，你的弱项可能恰好是别人的强项。

一名生性活泼的老师说："如果一项活动费时过长，我会失去兴趣。为了解决这个问题，我告诉大家，我感到厌倦了，请大家帮助我。一知道大家特意赶来帮助我，就令我振奋，也促使我把事情完成。"

有多种方式减少甚至消除缺陷带来的负面影响，这里列举一二：

- 找合伙人。打个比方，你欠缺组织能力，但工作上又需要这种能力，那就找一个天生擅长组织的同伴。或者，你缺少创意，而课堂上又要有艺术创意，那就找有创意的同事帮助出主意。同时，你应以自己的专长回报给同伴。你和同伴因此都更有效率，更有成就。

- 如果你的缺陷是技能或知识上的不足，那就多下点工夫来弥补。例如，如果你的弱项是标点符号，而你又是语文老师，那就突击学习规则，就像你希望学生们做的那样。学习你需要学习的内容，练习你需要练习的部分。

- 如果弱项不是涉及技能和知识，而是关系到你无法忽略、不得不做的事，那你唯一能做的事就是有限度的改善。例如，你的交际能力比较差，但你又必须与同事交往，你唯一能做的是虚心努力。这就是你要告诉学生们的，当他们面对不擅长不想做的事，一定要正视它。你无法取得成功，但应该努力获得一些进步。

- 控制弱点系统是非常有用的。盖洛普机构访谈过一位老师，她的注意力无法集中，她不能集中足够长的注意力来给学生判作业。于是，她发明了一套控制弱点系统：一次判卷不超过五份。五份判完后，她站起来去喂猫。下一个五份判完了，她喝一杯咖啡。这个办法让她控制了弱点，完成了批改任务。

能力的提高过程

盖洛普机构认为的天赋，不是指从事特殊活动，像打高尔夫球或音乐作曲的能力，而是指心理和个性上根深蒂固持续不变的方面。但天赋不等于能力，好老师的能力以天赋为基础，但还包括技能部分和知识部分。只有天赋、知识和技能结合在一起，才会形成能力。

天赋是人思考、感觉、行为的最初模式，那知识和技能又是什么？知识是你已经知道的学习过的事实，如火药的化学成分，谁写了《简·爱》，如何计算平方根。不像天赋，知识可以增加，很少有行业像教育行业这样能不断积累知识，也有不少老师有吸收知识的天分。

技能是完成某个活动的具体步骤，像操作计算机的键盘，投球的基本动作，运用特殊软件准备一份口头报告。技能越用越熟练，也可以学习，但能不能学会则是另外一回事。如果从事新项目，你一开始就得心应手，那表明你可能在这个新项目上有天赋，就像内布拉斯加州取得成功的快速阅读者。如果你不能快速而轻易地学到某项技能，很有可能你在这个方面没有天赋。

天赋是天生的能力，知识是现实的信息和通过个人经验获得的认识，技能是完成某项活动的基础步骤。能力是天赋、教育、培训的综合，以致可以持续、近乎完美地完成特殊任务。教学能力是好老师之所以优秀的原因。

事实上，好老师在利用教学天赋和发展自身能力上基本相似，能力是有力的，用得越多，提高越快，就像身上的肌肉。当你用天赋、知识和技能教学，也就是用你的能力教学时，你就拥有了成为有影响力的教师的条件。

这是我们从田纳西州学习增值评估系统（TVAAS）近二十年来收集的资料中找到的最有价值的发现。年复一年，老师用能力教学，甚至完全没有意识到是什么使他们培养出了好学生。这些学生不分社会地位、经济背景，一直会表现出色，除非后来遇到一名差老师，否则田纳西州的这些年轻人离开学校时将拥有好老师给予的最好的教诲。

到目前为止，你可能很想读下去，想了解自己的天赋特质，获得一些提高能力的建议。下一章我们将谈到这些内容。

第三章

发掘你的专长

"克利夫顿优势识别测试"具有发现人的特性的功效，这个测试系统是在数十年的研究成果基础上开发而成的，可以快速发掘人的特性。借助优势识别器，你可以在 34 个领域中寻找到自己最强的五个特质。

对于老师来说，学年的第一天，每个学生都是陌生的。你不了解他们的学习方法，他们的长处，他们如何回应你，每个学生都是一个谜。过了一段时间，你就会从学生们的一言一行中发现他们的个性，每个学生都变成鲜明的个体，因为你掌握了他和她的个性特征。

"克利夫顿优势识别测试"（Clifton Strengthsfinder Assessment）同样具有发现人的特性的功效，这个测试系统是在数十年的研究成果基础上开发而成的，可以快速发掘人的特性。你在测试中的回答，可以揭示你独特的心理构造。这项测试的目的就是在你的回答中找到你自身个性的关键指标加以整理，评分。这项测试由唐纳德·克利夫顿博士与顶尖的心理学家、语言学家、统计专家和内容分析师一起设计完成，可以帮助每个人在 34 个重要的特性领域内，了解自己的专长，有效应用天赋的思考、感觉及行为能力。

"克利夫顿优势识别测试"的答案无所谓对错，它不要你深思熟虑，你只有 20 秒的时间看题和回答，所以你的答案应该是直觉反应。测试之后，你就可以马上知道你最强的前五项主要特质是什么。测试报告是完全保密的。专家鼓励你公开测试结果，尤其是告诉你的同事。这可以帮助他人更好地了解你的专长，与你更有效合作，你的朋友与家庭也将从中受益。

如果测试结果是不可思议的精确，贴近你的个性，你也不要吃惊。有个做过测试的女士说："这个结果是令人不安的。它揭示了我自身的许多情况，恐怕没有其他人了解。多年以来，我一直试图隐藏我的争强好胜，但争强好胜仍然出现在我的五个最强的特质中。"

能力测试报告只是一个起点，要想在教室里充分发挥你的天赋，还需要用技巧和知识去充实扩展天赋。天赋与生俱来，能力要靠后天的努力才能获得。

能力测试之前，先熟悉一下与能力相关的词汇。

- 天赋。指个体自然拥有的思考、感觉和行为的方式。竞争之心、对他人需求的敏感、外向开朗的个性等等，这都是天赋。天赋是天生的，无法习得。
- 主导天赋。指个体最自然的思考、感觉和行为的方式。

因此，发挥主导天赋你能做得更好。

能力测试可以在 34 个特质领域内评估出你的天赋。每个领域都涵盖了无数的天赋。能力测试能给你提供一条线索，让你发现你最强的五个特质。

渴望、快速领悟、成就感和乐此不疲是寻找你最强特质的另外一些线索。

- 兴趣。你对什么方面感兴趣，往往可以发现你的天赋所在，尤其在幼年时期。兴趣会产生磁力和拉力，会不断地引领你去进行某个活动，出现在某个环境里。

- 快速领悟。在什么方面快速领悟，可以追踪发现天赋。面对新的挑战或面临新的环境时，天赋会被激发。突然之间，你脑中灵光一闪，好像所有的开关都被打开。学习新的技术、接受新的知识的速度快慢可以提供另一条揭秘的线索，让你找到天赋所在和在这些方面天赋的程度。

- 成就感。当你获得并愉快接受某个可以发挥你的最好天赋的挑战时，心理会有满足感。仔细注意那些能带给你极度成就感的情形。如果你分辨出哪些情形，你就会精确地锁定你的天赋所在。

- 乐此不疲。这是发现天赋的另一条线索。如果你全神贯注地做某个活动，完全忘记了时间，可能是因为这个活动吸引你进入深入本性的层次，亦即天赋层次。

- 专长。指可以持续不断几近完美地完成某个任务的能力，比如安排课程或指导篮球训练。专长是刻意培养的结果。它通常包括天赋、技能和知识。专长必然始于适合的天赋。

- 技能。是最基础的才能，是完成某个特殊任务的台阶，比如打字的技能。技能不会先天拥有，但可以通过培训获得。

- 知识。指你所知道的所有事物。知识包括从经历中所掌握的具体事实和理解。知识不会自然形成，需要通过教育获得。

- 缺陷。指技能、知识及天赋差的方面。只有当缺陷会带来负面影响时才需要关注。缺陷应该被管理。技能上的缺陷可以通过培训来弥补，知识上的缺陷可以通过教育来提升，天赋上的缺陷则要通过支持系统和辅助式合作来控制。

- 支持系统。指弥补天赋、技能和知识方面缺陷的工具。支持系统有可能很简单，就像给数学不好的人提供的计算器，给不易把握重点或难有成就感的人，把待办的事列出一张表格。

- 辅助式合作。当你在某个方面存在缺陷，而合作的人则在这个方面拥有良好的天赋、技能和知识。

如何参与"克利夫顿优势识别测试"？

"克利夫顿优势识别测试"是一项需时 30 分钟的网上测试，可以测评你在 34 个方面的特质。做完测试后，马上就能得到测试报告，并根据你的回答，显示你最强的五个特质。

请牢记以下注意事项，你会从测试中得到最大收获。

- 请记住"优势识别测试"的目的只是加强对你的天赋的认识，让你在未来更有意识地发挥你的天赋。因为天赋与我们自然相伴，对于它们我们会习以为常。

- 阅读每一条特质描述，重点关注确实符合个人特点的词汇和句子，删除那些与你特质不符的词汇。裁剪特质描述的文字，以更吻合你的个别情况。

- 请记录最近你实际运用每一个重要特质的情形或事例。

- 请家人、朋友和同事回应和证实你的重要特质。

准备开始吧。这是一个通过能力测试发现自己天赋特质的机会。①

---

① 从以下网址可以进行"优势识别测试"，htttp：//www.strengthsfinder.com。

第四章

发挥天赋特质的作用

构建教学能力的重要一步就是找出与生俱来的优势，将其发掘放大。

参与"优势识别测试"有许多乐趣，看到结果也令人振奋。然而发现你最强的五个天赋特质只是一个开始，发现这些特质有助于你更深入地了解自己与生俱来的潜能，你必须实际运用，才能将你的潜能发掘放大。

如前所述，你生来就有天赋，但能力却要培养。你必须补充知识及技能来构建能力。构建教学能力的重要一步就是找出发挥天赋的办法，以教学领域特有的方式付诸实践。如果没有指导，很难做到这一点。

本章中将依字母顺序排列，一一说明"优势识别测试"中列举的 34 个特质。每个特质描述都伴有行动指南，可以帮助你在教学领域发挥天赋特质。每个特质中，我们还会节选盖洛普机构与环球数千名教师的访谈实录。

找出你最强的天赋特质，详读盖洛普机构的科学家们和真正的老师如何了解自身拥有的天赋，并如何使用天赋。想想在你的学校实际运用天赋的办法，并制定具体培养能力的计划。

知道你的主导天赋只是万里长征迈出的第一步。当你发现拥有天赋，并能在天赋基础上培育出能力，你就成功了一半。

天赋特质一：成就感

追求成就的特质，有助于理解你的奋斗动机。成就感就是一种对做出成就的不断渴望，你觉得好像每天都是从零开始。一天过完，你只有取得具体的成果才觉得舒服。你所谓的"每一天"，指的是包括工作日、周末和假期的所有日子。尽管你也认可休息一天也是应该的，但如果一天过去了，不管事情大小，没有做出一点成绩，你还是会内心不安。在你的内心有一团火焰在熊熊燃烧，它推动你不断努力，不断取得成就。每做完一件事，火焰会黯淡一会儿，但不久它又会重新点燃，激发你向新的目标进发。你对成就的无止境的追求可能没道理可讲。你可能没有注意到成就感，但它与你相伴始终。作为一个有成就感的人，你必须学着一辈子与内心的不知足共存，这是有益的，它会带给你力量，让你能长时间不知疲倦地工作。它是接到新任务、迎接新挑战时你所依赖的爆发力。它可以给你提供能量，替你的工作团队设定工作进度及生产力水平。它是促使你不断努力向前的特质。

教学建议

- 执著与勤奋可能是从事教育工作成功的关键因素，因为辛苦的教学工作需要长时间付出。你一旦做出规划，大家知道你会尽全力而为，你需要得到大家更多的帮助。尽管你比大多数人更有精力和耐力，但不妨想想如何充分利用你的时间和精力。要仔细盘算，只做那些投入有最大回报的事，这样，你的努力才会达成最终的目标。

- 动力对于你不是问题。你是一个完美的自动自发者，你有强烈的内在动力，所以并不需要外在的支持和激励。内在动力推动着你向前，因此你不太能理解与体会那些需要外来督促的人。请尝试各种独特的激励方式，让表现不好的学生拥有学习动力。

- 上进在你的价值观中可能占据首要位置。当你的成就达到某个水平，你会自动发问："下一个目标是什么？"对于你，这是再正常不过了，然而其他人并不会像你一样自动寻找下一个目标。事实上，其他人很可能会满足于现状，故步自封。在你推动学生迈向更高的学习目标时，请务必确定，尽管你对成就感有需求，但这种成就感是否与学生们的需求、愿望和潜能相匹配。有可能出现，你推动学生朝向的学习目标超出了他们的能力范围。

- 你的生活及工作节奏很可能比别人快。就像运动员需要达到目标心跳速率才能获得运动的最好的体能效益。当你紧张而忙碌时,你会觉得更为舒服。要注意安排一个"间歇期",让你充分放松,至少要放慢生活脚步。你或许并不需要休息,但你要给那些拼命想跟上你的快节奏的人一个机会,以他们自己的节奏与你打交道。这样在你间歇期后恢复全速向前时,他们跟上你的可能性才会更高。

- "暂停键"在你心中可能并不那么重要。完成一项任务或分派的工作,会马上带给你一种相应的满足和奖赏。比起停下来享受满足和奖赏,你更喜欢从直觉上去寻找任务清单上的下一项。请多按几次"暂停键"。在你急于进入下一项任务之前,多花点时间思考和庆祝你的这一次成功。如果这样的暂停能让你获得更多心得,又可以激励你的合作伙伴,你将事半功倍。

优秀教师访谈实录:关于成就感

"我不会半途而废,所以校长常把工作交给我做。她知道不管多难,我都会坚持完成。"

"有成就特质的人常会做志愿者、委员会委员。征集自愿者时,我想不如一开始就报名,反正不报名最后也是我做。"

天赋特质二:行动力

"什么时候我们开始行动?"这是你生命里不断追问的问题。你跃跃欲试。你也许承认某个分析是有用的,某个探讨有时会有价值，但在内心深处你知道唯有行动才会真正有效。只有行动才能让事情发生，才能导引出结果。一旦做出决定，你不能不行动。其他人也许会犹豫不决，"有些事我们还没搞清楚"，但你不会迟疑。如果你的决定是到城市的另一边去，你明白最快的方式就是直接往前走，你不会坐等所有的灯变绿。而且在你看来，思与行从来都不是对立的，相反会被行动特质指引，你相信行动是最佳的学习方式。你做出决定，你采取行动，你看到结果，最后你学到知识。这种知识会指导你下一次甚至下下次行动。什么事都不做你如何成长？你相信不做事无法成长。你一定要付诸实践，必须走下去，这是让你获得新鲜知识和新信息的唯一方式。你的底牌就是，希望别人不是根据你说了什么，你想了什么，而是根据你做了什么，来评价你。这非但吓不倒你，反而让你乐在其中。

教学建议

- 凭借自然的影响力，你可能善于让他人行动起来。有些人或许对你的"现在就干起来"的话有抵触，但大多数人会受到你行动的感召。那些无生气的惰性的学习计划和活动让你受不了，但你也会认为对于你的才能来讲这些学习计划正是你大显身手的机会。请施展你的外交手腕，在这些学习计划中运用你的推动力激发出他人的潜能。

- 在你的班里，可能有极强认识能力的、活跃的天才学生，他们的脑子里充满创新性、革命性的想法，这些想法说不定会创造巨大的价值。请找出一两名学生，他们的想法最易实现的，然后陪伴鼓励他们。当你帮助学生将他们奇思妙想化为具体的行动时，谁知道会激发出什么火花呢？

- 每个学校都有自己信奉的一整套教育理念和价值观。它们常以艺术形式在校内展示，或被虔诚地念叨。以你之见，这样做是不够的。在教学中，"言"与"行"不是一回事。作为行动者，你更看中不时地厘清重要的教育理念，并把教育理念转化成即时的教学活动。你想帮助缩小存在于理想与现实之间的距离。这么做既对学校有推动，又能满足你对行动力积极追求的心理需要。

- 对于许多人来说，开个头很难。他们一直在起跑线上徘徊不前，总想着万事齐备再开始。让你的学生和同事明白，快速的开始并不会影响最终的质量。提醒他们尽可能快地采取行动，才会有明确的结果。以他们的才能，坚持不懈，直到做好，品质一定会有保障。

- 你可能不喜欢介入规划团队或教育委员会，因为从你的角度来看，他们花在讨论上的时间远远超过花在行动上的时间。然而，你的参与对他们的成功也许至关重要。请自愿加入一个价值观及目标与你一致的团队。从一开始，就让团队成员明白，你希望帮助他们将想法付诸实现。讨论与争辩会带来更多的好建议，你可能不适合讨论阶段的工作，而你更适合将决策付诸实现的阶段。

优秀教师访谈实录：关于行动力

"我常常会留心激励学生动起来的新计划，只有让学生们动手学习，他们才能真的学到东西。"

"我喜欢告诉学生，在学习过程中，大家一起让美好的事物呈现出来。作为一名音乐老师，我做了很多事。如通过大家努力，排演音乐节目，这些音乐节目让学生们感受到他们真的可以做出了不起的事。"

天赋特质三：适应性

你活在当下。未来在你不是一成不变的终点，相反，未来产生于你现在做出的抉择，因此你从每一次抉择中逐步发现未来。这并不意味着你没有计划，你可能有计划，但你的适应性让你愿意向眼前的要求妥协，尽管这些要求可能与你的最初计划相左。你不会像某些人因为突然变更的要求或突发状况而不开心，你有心理准备，变化是在所难免的，你甚至在某种程度上盼望着这些变化。在内心深处，你是这样一个灵活的人，工作要求你向任何不同的方向推进，你都能保持好的工作效能。

教学建议

- 变化可能吓不倒你。事实上，你能灵活轻松应对快速多变的局面。你的适应才能能让你应付教学中的各种突发的或模棱两可的事。你的学校或社区可能存在某些状况或捣蛋的学生，迫使老师疲于奔命。然而这些状况或学生正好让你有机会施展你的灵活性。请主动出击。你处理变化时的能力和效果有助于促成不断求新求变的课堂或学校文化。学习和成长的最终目的不就是灵活应对人生的变化吗?

- 不要把目标定得太远。如果你的目标远离当前现实，你有拖延的倾向。看到当下的具体成效远比未来预计的结果更可能让你兴奋起来。如果你要负责实现学生长期的学习目标，那就把目标化整为零，变成日常的或一周的小目标。

- 你常给周围教学环境带来稳定情绪。当一些老师对课堂上的突发事件束手无策时，你可能认为这是最好的教育时机，可以鼓励学生更多地发现他们自己和这个世界。请找出办法，把握这种自然发生的机会教育，衡量机会教育的质与量，你可能会更敏锐地辨别出人生课堂里给我们的教益。

- 由于清楚地意识到"此时此地"，你可能对当下的教学机构和文化有深刻的理解。请把你独特的看法与校领导分享。校领导可能会因为远离教学第一线，对现实情况不够了解，也可能他们对过去和未来的情况关心得多，而忽略了现实。你对现状的看法，可以成为学校未来规划和工作的基础。

- 因为你的适应能力，你比大多数人面对和处理困难和压力时更有准备。请运用你的特殊才能，帮助学生们在遇到困难后向你述说，像与同学发生冲突，家人患病或死亡，甚至国内外的非常事件。在你的帮助下，学生们能够渡过难关，甚至于从平常对于他们来说太过沉重的难题中受益。

优秀教师访谈实录：关于适应性

"去年夏天，我的校长打电话给我，她打算把我调到另一个班当老师，我满不在乎，对此，她好像十分吃惊。其实，我喜欢变化。没有变化，每年都一样，就没意思了。"

"我的一些最好的点子来自于课堂，只有我上课时，站在黑板之前我才能想到这些点子。如果让我照着计划与日程表行事，这些点子就无法实行。"

天赋特质四：分析力

你的分析能力常让你对他人产生质疑："请给出证明，让我明白为什么你声称的是正确的？"面对这种质疑，有些人会发现原本光彩照人的理论不堪一击。对于你，这正是关键所在。你不是故意推翻别人的观点，你只是坚持所有的观点要有根据。你认为自己是客观的，不带任何偏见的。你喜欢数据，因为数据与价值观无关。许多人没有记事簿。以数据为武器，你寻找事物的类型与联系。你想弄明白，某些类型是如何影响其他类型的？它们如何结合？结果会如何？这种结果是否符合某个理论或遭遇某个情形？你提出问题，透过表象，逐步深入到事物本质，揭示出根源。别人认为你严谨而有逻辑分析能力。时间久了，他们会求教于你，让你帮助分析"奇思妙想"和"可笑想法"。你的分析千万别太苛刻，否则，万一这些"奇思妙想"是他们自己的，他们会从此疏远你。

教学建议

- 你不会接受某个新的教育理论和教学计划的表面价值，只有经过热烈的讨论，验证了这种新探索是好的，你才会接受。不要期望所有人都了解这种验证过程对你有多么重要，或者你的标准是什么。请告诉同事你正在探寻什么，让周围的人明白，你探寻的是资料，而不是资料背后的个人，通过这种方式，你可以避免伤害他人感情。

- 你比别人更看重原因及影响。你不假思索，就能分析出某事的前因后果。当学生们对一些事感到困惑或吃惊时，你能帮助他们了解那些不经意间的联系。这是非常有用的，尤其是对青年人，因为了解因果联系能提供对事实更深入的理解与认识。

- 学生们做事常会冲动，有时，你的同事也会如此。而你任何时候都保有得天独厚的理智。当大家感情用事时，请你发出理性的声音。

- 你处理复杂事物的方法是仔细拆分它。由于天性使然，你会把复杂的事拆分开来，仔细分析每一个组成部分，找出这些组成部分是如何聚合在一起，或者哪里出了问题。这对其他人非常有用，请注意你处理事情的方式。当你把某事拆分研究时，不自觉地会采取一些步骤，请不要忘记向其他人解释你的分析过程，让他人了解你是如何得出结论的。因为对你而言，分析过程是自然而然的，对别人来说，则是突兀的。别人可能不理解不明白你是如何分析和处理事物的。

- 作为爱分析思考的人，你总觉得周遭事物很复杂，有时甚至会强迫自己去猜想，周围会发生什么事，为什么会发生这种事。当其他人忽略事物的逻辑发展脉络，你往往能抓住。这可以让你协助他人更好地理解他们的人生。当你把显而易见的事实告诉他人时，要注意说话的技巧。重视自己感觉的人听到你对事物清晰锐利的分析会不舒服。

- 由于你爱分析思考，人们视你为严肃的人。这没有什么错，相反会收益良多。这种才能在教学中非常有用，与学校管理部门打交道时作用更大。从其他老师和你的学生那里搜集反馈意见是个好主意，同时利用你的分析能力来对教学中的裨益做出判断。严肃认真可以办成很多事，但也常被他人视为冷酷无情。

优秀教师访谈实录：关于分析力

"我常常感到奇怪，许多人看不清某个行为的后果，等后果出来了，又不知道为什么会这样。这对于我来说轻而易举。"

"我喜欢搞清楚每名学生学习的进度，在学习过程中他或她需要什么，当然还有最后的学习成果。"

天赋特质五：统筹力

你像个乐队指挥。面对牵涉多种因素的复杂局面时，你喜欢掌控所有的变数，将这些变数不断调整，直到你确定你已经尽可能地达到最佳状况。在你看来，这么做没什么特殊之处，你只是试着找到解决问题的最佳方法。然而，那些欠缺统筹特质的人，面对你的能力往往十分惊异。他们会问："你脑子里怎么能记得这么多事？放弃考虑多时的规划，迅速转向刚刚想起的全新方案，你怎么能这么灵活？"你无法想象自己表现出别的样子。你是灵活变通的典型，如果发现了更优惠的火车票，在最后一刻你也会改变行程；或者为想出新方案，找到人与物的最佳组合而伤透脑筋。从日常小事到复杂要务，你总在寻找最完美的方案。你最适合于变幻多端的环境。遇到不可预知的变化时，有人会抱怨，费心制订的计划岂能随意改变；有人则对即存的规定和程序抱残守缺。你会直面困境，设计新方案，捕捉阻力最小的新路径，找出新的同盟军，因为这么做，才能找出最好的解决之道。

教学建议

- 你很自然地就认识到，成功的教育是学生、课程及学习环境综合作用的结果。在你看来，这三方面的化合作用没有固定的方程式，所以你会不断地调整、绞尽脑汁，寻找帮助学生学习的更好方法。你寻找方法的过程出于本能，请有意识地向学生解释改变学习方法的合理性，让他们认识到这种改变及益处。

- 由于你的统筹能力，你轻而易举地就能把人们聚合在一起。请注意参与班上、学校和社区里组织的，将老师、学生、家长招集一处的讨论会。由你组织的团队，相互协作会产生很好的效果和影响，能帮助你完成教学工作。

- 人生中大多数重要的工作都需要协作互助，有统筹能力让你在这个工作环境里能作出更大的贡献。事实上，你与团队一起工作比独立工作更快乐更有效率。你参加了多少教学小组、团队及委员会？请考虑适当再多参加一两个。它会让你乐在其中，让你的统筹能力更佳地发挥。

- 有些人倾向于做个旁观者，有些人倾向于做个参与者。请想想某个事例，你的统筹能力如何引领旁观者自然地变成参与者？你怎么做的？有哪些重要因素让你成功说动别人参与进来？当你找到这些因素后，发掘更多地在学生、家长和其他老师身上使用的机会，因为这些人是你推动参与和成长的主要对象。

- 灵活性存在于你的遗传基因里。对于你，没有一成不变的事。你的思维是开放性的，你认为变化对提高教学有潜在好处。当你面对一名学生，他跌入不成功的窠臼出不来，请用你的灵活性帮助他。凭借你的用心及开放心态，调整学习过程，努力提升学生的学习成绩。请将创造性与灵活性坚持到底。

优秀教师访谈实录：关于统筹力

"你有没有注意过，有些人或团队合作得很好，有些则不行？我总能告诉你哪些团队合作顺利，哪些肯定失败。"

"我喜欢组建学习小组。只要找对人，在一个好的学习小组里，学生们的想法互相激发，可以从功课中收获更多。"

天赋特质六：信仰

如果你拥有强烈的信仰特质，你会坚持某些核心价值观。价值观因人而异，但有信仰特质的人通常比较顾家，关心他人，甚至追求精神上的满足，重视自己和别人的责任感及高尚的道德标准。这些核心价值影响到你的方方面面，给予你生命的意义和满足，在你看来，成功远大于名与利。它们指引着你的方向，引导你超越生命里的诱惑与困扰，向着一个既定的目标前进。这份坚守是你所有人际关系的基础。你的朋友认为你很可靠。他们常说："我知道你的立场。"信仰特质使你很容易获得信任，也要求你只做与自己的价值观相符的事，你的工作必须有意义，值得去做。在信仰的引导下，只有那些能体现你的价值观的工作，你才会去做。

教学建议

- 你的热情消退了吗？你的能量耗尽了吗？这可能是你过多地关注工作"是什么"和"怎么做"工作，而忽视了"为什么"做这份工作。有信仰特质的人需要"为什么"而做。翻到第一章结尾处的练习，看一下你写过的生命中令你发生重大变化的老师是什么样的。回忆那位老师对你的成长和人生方向上有过哪些指点。当你把毕生精力投入到学生的教育成长上时，就以那位老师为榜样，从他身上寻找每日灵感。请花点时间与志同道合的朋友及同事聚会，和他们在一起可以强化你的信念，增强你对共同理想的影响力。

- 你可能是一个信仰坚定的人。某些信念对于你来说是永恒的，一定要坚守的，为此你甚至可以不惜生命。请继续厘清你的价值观，以便更好地把你的价值观传递给他人。人们知道你的立场之后，会更清楚地理解支持你的教学努力。

- 我们生活在快速变化的世界。你教的学生中，将面对不确定和无法预知的未来，有时会经历焦虑和恐惧。请让学生知道，在你的教室里还存在永远不变的价值观，是他们可以依靠的。你提供稳定的环境，会给学生一种安全踏实的感觉，并获得更好的学习效果。

- 作为信仰坚定的人，你无法宽容不道德的行为。如果学生的行为突破了你的道德底线，你会采取激烈快速的反应。请让学生明白，你能容忍和不能容忍的事是什么，接受和违反这些道德标准的后果又是什么。另外，不要只是去惩罚不道德的行为，还要有策略地正面表彰奖励来弘扬合乎道德的行为。

- 像其他人一样，你关心影响切身生活的议题。但只有这个议题突破小我，甚至牺牲小我成就大我时，你才会产生最大的参与冲动。为了学生的人生，或者为了完成教学计划等更远大的目标，你愿意做出某些牺牲来实践信仰。

优秀教师访谈实录：关于信仰

" 我当教师是因为我对教育的信仰。我相信年轻人可以学习，可以成功，这是我一直坚守教育岗位的原因。"

"我相信教育很重要，所以对不守规矩的学生我会十分严厉。作弊不仅仅是一个错误，也使学生失去了获得教育的机会。"

天赋特质七：领导力

领导力让你愿意承担责任。不像有些人，你觉得把自己的意见强加于人，这很正常。一旦有了想法，你必须找到人来分享。目标一旦锁定，直到找到同盟军你才会感觉舒服。你不害怕冲突，因为你知道冲突是解决问题的第一步。有些人不愿面对生命中的不愉快，而不管有多么不愉快，你都会直面现实。

你认为人与人之间的关系应该清清楚楚，彼此要真诚相待。你推动他们去接受挑战，有时，甚至会威胁他们。有些人可能讨厌你的做派，认为你刚愎自用，但他们还是愿意把控制权交给你。一般人会被立场鲜明并能为他们指引方向的人所吸引，所以你能吸引一些人。你有风采，你有领导力。

教学建议

- 你敢于直接说出同事和伙伴们不敢说的想法，你认为直抒胸臆比消极观望更有效。要让同事及学生知道，当他们为要不要表述他们的想法和感觉而惴惴不安时，你是他们利益的有力支持者和代言人。这种冒险直率的做派或许会吓着一些人，却能把他们真实想法和感觉挑明，从而开始重要的沟通与变化。

- 危机与争斗让某些人不知所措，而这正是你一展所长的机会。在承担责任做出艰难决定时你很有满足感，所以一旦面临危局，人们常向你求助。请注意班级或学校里有哪些挑战性强、压力大的事情，发挥你强有力的风采及个人魅力，提供此时亟须的领导力。

- 因为你个人的领导能力，你常会让学生一直努力上进，帮助他们找到赖以成功的办法。学生需要的东西，你不会怕事不去争取，也不怕施加压力，去排除学生成功道路上的障碍。为增加你的领导力运用的好处，请测算一下每周你替学生或同事，提出了多少个要求，解决了多少个障碍。然后每周都试着增加帮助他们解决障碍或提

出要求的次数。这会为建设一个更有效率的教育环境
铺路。

- 你喜欢挑战的个性常会让你离开舒适的环境,走进陌生
  的新领域。请想一想是否有可能让其他没有足够勇气的
  人,也能从类似经验中有所收获。当你决定开始新的冒
  险挑战时,带上一个或两个伙伴,他们会从中受益,而
  如果只是他们自己,他们绝不会去冒险。你的学生也许
  会因为与你一起经历挑战,而获得成长的机会。

- 你天生的决策能力常能获得学生、青年教师及校领导的
  青睐与尊敬,他们需要你提供的清晰思路。当学生、老
  师或校领导发生争执和冲突时,请注意自觉承担起整合
  责任。由你做出决定,大家采取行动,展现领导才能会
  让你获得极大的成就感。

优秀教师访谈实录:有关领导力

"对学生有什么希望,我毫无疑问会直接说出来。我随时准
备当学生的后盾。"

"别人觉得不好带的班,我带起来很轻松。"

天赋特质八:沟通力

你喜欢解释、描述、做主讲人,喜欢在公众场合演说,喜
欢写文章。这正是沟通特质的表现。概念是枯燥的,事件是呆
板的,你觉到有必要赋予它们生命,让它们焕发活力,打动人

心。因此你把事件变成故事，练习说故事。你在干巴巴的概念里添加上想象、事例和比喻让它生动。你相信大多数人集中注意力的时间很短，他们被各种信息狂轰滥炸，但只会有极少数信息被他们记住。你希望你提供的信息，不管是一个想法，一次事件，一件产品的特性与优点，一项发现或一门课程，能被人们记住。你想让大家把注意力转向你，因此你努力锁定住，寻找最精彩的措辞，寻找有戏剧性、有表现力的语言组合。这就是人们为什么喜欢听你说话的原因。你描述的图景引起他们的兴趣，使他们的世界更清晰，刺激他们去行动。

教学建议

- 沉默是金并不适合你，不说话你会憋得慌。你看重人与人之间的互动，遣词造句的方式在你看来非常重要。在日常教学中，语言是重要的沟通媒介。请注意你的用词，并扩展你的词汇量，与听众沟通时要用匹配的语言。你可以刻意创造一种以对话为特色的课堂文化，在这种学习环境里，你的沟通特质将会被放大。

- 沟通天赋让你成为特别健谈的人。你随意地与人聊天，也像在对公众说话，这一点在教室里非常有用。你讲得越多，学生们收益越大，你的口才也越好。请记录一周内与学生一对一谈话的次数，以此为基本衡量标准。想一下谁会从你的谈话中受益。设法增加每周个别交流的人数，也许你会惊奇地发现，你的教学能力和学生的学习效果有多么显著的进步。与你的同事相处时，也不要看轻你的沟通才能。恰当的长谈有助于创造和谐环境,而你正好拥有知道怎么说才好的天分。

- 你远比其他人更能意识到娱乐与教育之间的联系。你本能地知道,感到厌倦的学生是不可能成长、获取知识和有所成就的。在你的课堂上,也会察觉到厌倦的情形,你要拿出各种法宝来应付。这样做你与你的学生都会觉得好过一些。

- 有极少的学生像你一样善于表达。这样的学生令人欣赏,但你更应该以你的沟通特质帮助每一名学生用言语表达他们的想法和感觉。有时,这是开始真正学习的第一步。对于绝大多数人来说,用他们的语言来陈述概念,比较容易理解,而你恰好是那个善于运用年轻人语言的人。你对语言的热爱及捕捉语言的能力使你成为有价值的诠释者。

- 或许你会发现你天生就有说故事的能力。收集你最感兴趣的故事,练习讲故事。你会发现有趣没趣的细微差别,了解差别会帮你把故事讲得更有趣一点。请注意你讲的故事在学生身上的效果。不管你教什么,都要将故事编进课程之中。眼睛是心灵的窗户,而故事是理解功课的高速公路。

优秀教师访谈实录:有关沟通力

"我在课堂上讲故事,增添戏剧性。让学生们喜欢听讲和学习。"

　　"在八年级的课堂上，我们讲到'感知过程'这个主题，就是五个人目击同一事故，如何做出不同的报告。我与一名学生一起做了个实验。我们讲好，第二天他故意迟到，我出乎寻常地大发雷霆，他也一反常态地大叫大嚷。第二天，我们执行了这个计划，学生们的反应在预料之中，他们非常震惊困惑。此后我们说出实情，让他们写下这段经历。学生的感知来自各个角度，确实有趣，通过随后进行的讨论，学生们对个人感知了解得更深入了。"

天赋特质九：好胜心

　　竞争根源于比较。你观察世界时，本能地就会意识到他人的表现。他人的表现是最终的衡量标准。不管你多么努力，不管你的想法是多么有价值，如果你实现了目标，成绩却不如你的同伴，那么这样的成绩在你看来等于零。像所有的竞争者一样，你需要对手，需要比较。有比较，你就会竞争，有竞争，你就可能赢。没有比赢得胜利更令你开心。你喜欢评比，因为它推进相互间的比较。你喜欢其他的竞争者，因为有了他们，才令你兴奋。你喜欢竞赛，因为竞赛必然诞生赢家。你尤其喜欢某些胜券在握的竞赛。尽管你与对手只做君子之争，甚至输了你也会淡然以对，但你绝不是为了娱乐而比赛，你是为了胜利而战，所以，到后来你会避免参与把握不大的比赛。

教学建议

- 你有强烈的求胜欲望，希望击败对手。这种冲动在商场上很普遍，而在教学中却不被鼓励。事实上，作为教师，如果与周围的人争来争去，你会觉得不舒服。请换一个思路：你的对手不是人，而是某些问题。为了清楚你的这些问题，将它们一一命名，你可以与"疏忽"、"学生的不及格"、"贫穷"、"厌倦"或"辍学"作斗争。当你知道对手是谁，你更容易焕发出活力。当你找到善用求胜心的途径，你就会成为一名优秀的老师。

- 本质上，好胜心让你对与他人比较非常重视。这是保证你发挥全部的潜能创造业绩的方式。当你与他人比较成绩时，你浑身是劲。请考虑，与那些教学经验上佳的老师比比教学成绩和结果，这么做，你会推动自己向更高的水准迈进。

- 你天生就明白游戏与竞赛的价值。你喜欢它们，因为游戏与竞赛总有输赢。请利用你深谙游戏的巧妙之处，来刺激班级之间和学校之间进行竞赛。竞赛中有人会赢，有人会输，人们的第一反应往往是躲避竞赛，以免自尊心受辱。对于你而言，真正的解决办法是创造各种各样的机会，让学生们参与竞赛。在持续不断的教学竞赛中，每一个学生都有某个方面获胜的可能。

- 成绩能被测量，才有意义。好胜心能帮助你对学校教学成效衡量标准的制定作出贡献。请用你的才能协助校方，确定合适的教育衡量标准，如有可能，你也可参与评估过程。你也能帮助学生了解这些衡量标准只是手段，不是目的；只是学习的伙伴，而非对手。大多数人一想到评比就非常不舒服，而你渴求评比，因为你发现与人竞争其乐无穷，动力倍增。

- 比较对于你是自然而然的事，可能是你最突出的天赋之一。将此人的表现与他人相比时，记住这些人的特长。要明白在不同的领域里每个人都各有所长，也要记住，比较不一定会带来竞争，有时在教学中，比较可以用来获取有价值的心得。

- 美国橄榄球联盟对球队得分时过度的庆祝行为会加以处罚，但在以能力为基础的学校或课堂中，不该有这种规则。创造出一种校园文化，学生或老师获得的每一次重大的胜利（不只是在运动场上）很快都被适当的肯定和庆祝。务必使所有的赢家和每一个对胜利有过贡献的人，都获得某种荣誉，如公布他们的名字，大肆宣扬，庆祝时表现得就像自己得胜一样。

优秀教师访谈实录：有关好胜心

"我常跟同事竞争。有些事我能做得比别人更好吗？我能教得更出色吗？我能把不听话的学生教好吗？我带的班的成绩能比其他班考得更高吗？我能比去年做得更称职吗？"

"我盼着我的学生能成功，更成功，发挥全部的潜能，赢得超出父母和学校期望的成绩。"

天赋特质十：关联

你相信事出有因，因为在内心深处你知道所有人都是相互关联的。尽管我们每个人都是一个个体，对自己的决定负责，拥有人身自由，但是毋庸置疑，我们也是更大群体中的一部分。有人称之为集体无意识（Collective Unconscious），也有人称之为灵性或生命能量。不管用什么字眼，只要我们知道人与人、人与地球及地球上的其他生命不是孤立的，就会信心倍增。相互联系的感觉里隐含着某种责任。我们是巨大图景中的一部分，我们不能伤害其他部分，因为伤害了它们，最终也会伤及自身。我们不能破坏关联物，因为最终破坏的是我们自己。从相互关联中意识到的责任构建了我们的价值观，让你体贴、关心和宽容。人类由不同的群体组合而成，你为各种文化搭建桥梁。在平凡的生活之外，拉住那些无形的手，会令你的生活充实而有生活目标。你对信仰最确切的定义，取决于你周边事物及你所处的文化背景，但你信念坚定。而信念又维系着你与你最亲密的朋友去面对生命中的每一个困惑。

教学建议

- 教学机构里人与事是多元化的。性别、年龄、种族和文化是显性标志，还有大量隐性标志。一般人只能指出人类明显的差异，而你却本能地注意到人类的共性。你拥有的特殊能力往往能发现隐蔽的关联，甚至当事人都没有察觉。请提醒人们，你不费吹灰之力发现的共通点，这会带给你很大的满足感。一旦大家关注到这些共通点，就能在教育领域创造出更深层次的关联。

- 对有些老师来说，课堂意味着教育的一切，他们太过投入教学，按照标准课程讲课，因此与现实世界有些隔膜。而你与之不同，你认为教学不应该受到限制。请寻找合适的机会，阐述你的宏观看法，在课堂内外与他人分享。因为你看到了别人忽视的事物之间的关联，所以你能帮助他人发现自我小天地之外的更大的意义和目的。

- 尽管你教学的对象是个别班级，但你对影响全人类的事可能也很感兴趣。如果你是这种心态，那么请运用你的能力，向学生和同事解释人类的重大问题，并说明相互间的关联性。你的努力有助于他们形成更有效的全球公民意识，也可以帮助年轻人理解，在日常生活所见所闻之外他们在世界上的位置。

- 有时天赋特质表现为一种对周边事物的兴趣或关心，可能会对教育、自然、科学、社会、情感生态和世界经济的某个方面感兴趣，也可能对所有的方面都感兴趣。请用你的关联天赋教育学生，那些人们做过或没做过的小事，如何对整个世界产生持续性影响；同时用你的关联天赋，去探究在地球上的个人是如何影响其他人的。你课讲得越具体越量化，学生们学得就越深入，越会付诸行动。

- 对地球环境及人类你有极大兴趣，或许你可以考虑参与学生或教师的国外交流计划。如果你不能去其他国家参观，或招待国际交流学生，请试着邀请国外来访者到校介绍情况。有机会可以带学生们去博物馆看看。你对不同的文化和时代的关联性有天生的洞察力，这种经验让你兴奋不已。抓住你能遇到的每一个机会，你会成为一位有号召力的老师，会更喜欢自己的工作，学生也会取得出人意料的成绩。

- 你从来没有把学生看成等待灌输知识的脑袋，或者等着你用两个学期来填满的白纸。你对学生抱有比较正确的看法，认为学生是心灵、肉体、精神、情感、亲属、社会和文化交互作用的综合体。其他老师只把眼睛盯在教育馅饼的一小块，只关心自己所教或所学的科目，而你能帮助学生意识到人的复杂性，并能教他们如何整合人生。

优秀教师访谈实录：关于关联

"我不会孤立地看学生、科目或教学计划。我不擅长区别分类。在我还是小姑娘的时候，我就喜欢把我认识的人结合在一起。在我的头脑中，他们就能配合得好，即使他们自己没有意识到这一点。"

"我教西班牙语，不是因为我个人与西班牙历史和文化有什么关联，而是因为我热爱发掘不同文化的共通之处。我想让学生不只了解物质世界，还了解人们之间是相互关联的。"

天赋特质十一：公平心

公平对于你至关重要。你深刻地意识到，不论对方是什么地位，都应一视同仁，你不想看到，天秤过分地倾向于某些特殊的人。在你看来，这会导致自私和个人主义，会产生一个有些人只凭关系、背景和钻营就能获得不正当好处的世界。你真的反感这一切，你把自己看成公平的守护者。相对于特殊利益充斥的世界，你坚信，一个规则明晰，并在规则面前人人平等的公平环境，会让人们做到最佳。这个环境是人们所期盼的，它是不偏不倚的，它是公平的。在这里，每个人都有适当的机会展现个人的价值。

教学建议

- 许多老师之所以优秀在于他们因材施教，你却有点不同。你依靠标准化能力，才有可能成为好老师。你创造的环境是公平、有效、足以信赖的，学生们很少受到不快的惊吓，他们精确地知道每一天老师要求他们做什么。找出标准化作业程序，让你的教室成为学习的好地方。试想将你的标准化程序在学校加以推广，拟订一个与学校管理层及同事分享标准化程序的计划。
- 你的课堂上有没有"不成文"的规定？如果有，请写下来。规定是教室里避免特例、维持公平的重要工具。不成文规定经常是模糊的，很难有效地执行遵守。只有学生对课堂上的规定本身及为什么作出这样的规定十分理解，这样的规定才是最有效的。

- 因为你对公平的要求很高，你自然意识到学生学习方式的差异。在学生不同的学习方式和受教习惯之间，当你发现有需要，你就会以你的能力在细节上坚持公平。这才是真正公平的学习环境：教学要配合学生真正的需要。

- 你对公平的追求，让你对学生中的少数派十分关注。请加入一个支持少数族群，或支持不分种族、性别、信仰给所有的学生以公平教育机会的组织。你清楚地知道并坚持，在各种差异中的公平是必要的，你支持学校采取保护学生权益、提升个人价值和促进学校教学的措施。

- 你稳健公平的作风，给那些生命中经常没有安全感的学生以极大的抚慰和支持，你踏实牢靠的教学方式，成为他们的后盾，让这些学生可以重建人生。请在你的班里找出这类学生，判断他们获得成功最需要哪一种稳定感及安全感，然后最大程度地给予帮助。

优秀教师访谈实录：关于公平心

"个体公平很重要，对待每一个人都要公平，只针对部分人的公平，那不叫公平。年轻人很容易发现不公平的现象。我喜欢为学生创造一个公平竞争的环境，让每个人都有成功机会。"

"这些年，我知道某些东西在教学中管用，我一直遵循这些原则。我不会在教学中，中途改变计划。"

天赋特质十二：回顾

你喜欢回顾过去，因为这样可以帮助你寻找答案。回顾过去也可以使你更了解现实。在你的心目中，一直觉得现实是不确定的，对立的声音混杂一片，只有把思绪回溯到先前制订计划的时候，现在的一切才是确实的。先前是比较简单的时刻，是制定蓝图的时候。当你回顾时，你看着蓝图再现，你明白最初的目的是什么。当蓝图或最初目的在逐渐推进的实现过程中变得模糊不清时，回顾可以令最初意图再次明确。这会带给你信心。你清楚事情的根本，因此可以不再迷惑，能更好地做出决定。你对同事知根知底，所以你是很好的伙伴。知道未来根植于过去，你变得更为睿智。面对新人新事，你必须花点时间调整自己，这一点时间不能省。你要训练自己多问问题，回顾规划蓝图时的情景，因为无论什么情况，如果你没有看过蓝图，你就没有信心做决定。

教学建议

- 你的记忆力及对先前的判断力远超他人。你有特殊的天赋，把过去视为前奏，透过过去，理解现实与未来。请与你的学生分享这方面的体悟，一旦他们明白过去的努力与未来的奖赏之间的联系，他们学习起来就会更投入。

- 拥有回顾天赋的人做老师的好处是，你可以回想起自己做学生时所遭遇到的学业、身体、情感及社会交往等方方面面的事。在安排课程及学习环境上，利用你的这种天赋，更好地理解学生。

- 鉴于你的回顾天赋，教授某种历史对于你显然是合乎逻辑的选择。不要简单地把历史生搬硬套地带到课堂上。不管你教的是哪门课——数学、科学、物理、音乐，请多学习一点这些科目的发展史，把最精彩的部分用在教学中。几乎所有的学生在了解了所学科目的意义，它们的发展过程及在大局中的地位之后，学习效果都会提高，而提供这些背景正是你的特长。

- 个案教学是一种很实用的教学手段。个案教学就是以历史事件为例来教当下的课程。请多想想在课堂上如何扩展延伸个案教学的范围，多开发出与学生及所教课程相关的新案例库。如果你有办法利用大学的图书馆，你会发现学术期刊及教科书是个案教学的宝库。

- 你在历史方面的天赋让你成为学校或社区里最优秀的档案专家和历史学家。让别人了解你热爱历史，历史对于你有着十分重要的价值。如果你不能成为学校的历史专家，那么就加入社区的历史学会。几乎所有的城镇都会有历史学会，他们会欢迎新鲜血液和志愿者加入。这种经历会带给你一种有价值的洞察力，你可以将它带到教室里。

优秀教师访谈实录：关于回顾

"每次课堂上遇到新问题，我就想这样的问题以前是怎样解决的。回顾过去对现在很有帮助。"

"了解每名学生的成长历史对我帮助很大。这样我就知道，他们过去的种种如何影响到现在的学习。"

天赋特质十三：谨慎

你细心、警觉、内向。你认为世界充满不可预知的因素。每件事表面上似乎是有条理的，而你却意识到隐藏的各种危险。你不否认危险的存在，反而将危险一一挑明，然后确认、评估各种危险，最后逐一消除。你是一个相当谨慎的人，在生活中比较保守。比如，你喜欢早做计划，以免参与其中再出错。你挑选朋友十分慎重，在一般谈话中避谈隐私。你小心翼翼地不过度夸赞他人，以免出任何差错。如果有人因此而不喜欢你，你也无所谓。对于你，生活不是一场人气竞赛，而是一片地雷阵。其他人可能肆意向前，而你却不同，你会先认清危险，衡量相关的因素，小心谨慎地向前挪步。

教学建议

- 你相信"磨刀不误砍柴工"。因为你的学生生活在一周7天，一天24个小时的周而复始的世界里，你的方式可能与他们有冲突。但你是正确的，健康地成长不是一夕之功，它需要时间。谨慎是一种有巨大价值的独特天赋，适用于循序渐进的教学之中。其他老师可能会采取速成式教学，而你不必为偶尔在教学过程中踩刹车而感到抱歉，因为这会给学生更多的时间，更扎实地理解概念。

- 你不会粗心或随意地赞扬他人，所以你对学生和同事们的夸赞，会被他们视为荣誉。既然大家对你的赞扬看得很重，那么请思考一下，如何在不减真诚和正确的基础上增加夸奖的频率。换句话说，多多注意你曾经忽略的周围人的细小成绩。你只要稍微多讲几句表扬的话，就能在学校的学生及同事那里产生戏剧性的推动效果。

- 工作中，你总能防患于未然，这是作为一名老师很有价值的特性，因此你的班级不会没有秩序或乱糟糟，这让学生们有安全感，如果学生们没有安全感，他们就不会安心读书。当然，这并不意味着大家都理解你的做法。每当你举起谨慎的大旗，务必让大家清楚，你真正想做的是创造一个更有效学习的环境，你只不过一直试着在问题出现之前预先排险。

- 谨慎天赋会影响你与他人交往的方式，你可能需要比较多的时间来熟悉学生和同事，光靠上课的日子，你无法建立那种你的角色需要的人际关系。如果人际交往需要你花更长的时间，那么就请开始得早一点。作为一名老师，如果有可能，在开学之前就着手了解接触你的学

生。在开学的第一天，师生关系就有个良好的开端，会
为今后的教学打下必要的社会基础。

- 无论在学校，还是在家，你都需要个人空间。而教学显
  然是相当公众化的活动，你需要每天抽出时间，一个人
  审慎思考问题。最好你能有一个私密空间，需要时能独
  处。你可能要给你的学生和同事一些提示，表明你想单
  独安静一会儿。

优秀教师访谈实录：关于谨慎

"我可能会花比较长的时间来做课程计划，想要有教学效
果，就不能敷衍了事。"

"我选教材时会精益求精，我无法理解为什么一些人轻易就
能做出决定。凡事应三思而后行。"

天赋特质十四：伯乐

你能看出他人的潜能。事实上，通常来说，你所看到的一
切都是潜能。你认为没有一个人是一成不变的，相反，每个人
都在进步，拥有各种可能性。因此，你喜欢接触他人。你与他
人交往的目的是帮助他们成功。你寻找各种方式来挑战他们，
设计有趣的体验来拓展他们，促使他们成长。你不断寻找他们
成长的迹象，无论新学到或改正了的言行表现，能力上的细微
进步，中断脚步后现在的一丝好的松动，对于别人可能会视而
不见，而你看来这是潜能的明显标志。别人的成长就是你的燃

料，它给你力量和满足感。时间一长，大家会主动寻求你的帮助和鼓励，因为他们知道你的帮助是真诚的，而你也乐此不疲。

教学建议

- 促使学生进步给你很大的满足感，这种满足你可能理解为教师的职责所在。然而，不是因为你当了老师，就变成伯乐，而是因为你天生是个伯乐，你才是好老师。你的天赋非常适合你的职业，这一点值得肯定、重视和表扬。

- 你天生是个鼓励者，他人哪怕再小的成绩，你都会注意到。这个天赋给了你许多机会去夸赞那些做出成绩而被忽视的人，你细致入微的观察力让受到夸赞的人感受到自身的价值，请在工作中尽情发挥这个天赋。

- 有些人遇到新手常会失去耐心、火冒三丈，而你会平心静气地与新手共事。请找一下那些有教学潜质但还有待历练的新老师，邀请他们成为你的搭档。将你的教学经验与这些年轻老师分享，会对他们成长为合格的老师有极大的帮助。

- 培养一名优秀的老师，什么时候开始都不嫌早。不要犹豫，让那些可能有教学潜质的学生在课堂上分担你的部分教学工作。当你给他们真正的机会教一个班或帮助其他同学时，让他们试着品尝积极协助他人成长的滋味。正像你所清楚知道的，奉献自我促人成长，带来的满足感是非常强烈的，甚至会让人上瘾。

- 帮助他人是你的天性，但请避免帮助那些一直努力教学
  而确实不适合的老师。帮助某个不善教学的老师做些微
  调，也许有局部效果，然而最好的办法是，帮助他人找
  到发挥自己才能的岗位。

优秀教师访谈实录：关于伯乐

"我常会抢在学生之前注意到他们的进步。如果我肯定他们
的成绩，他们会更肯定自我，接下来会做得更好。"

"帮助孩子们进步后的开心难以形容。看着学生成长，个性
逐步完善，没有什么事比这个更让人高兴了。"

天赋特质十五：纪律性

你需要可预知的世界，这个世界是有序的、安排好的，你
本能地在自己的世界里设定框框。你重视时间分配和截止时间。
你把长期计划分解成系列短期计划，并勤奋地做好每一个计划。
你不一定干净整洁，但你一定要有秩序。面对生活固有的混乱，
你想拥有控制力。路线图、时刻表、规矩，所有这些都是帮助
你掌控生活的工具。没有纪律性的人，有时会反感你的规矩，
但其实这并不冲突。你必须理解不是所有的人都喜欢守规矩，
他们有别的方式来把事情做好。同样的，你也可以让别人了解
你渴望规矩，你不喜欢意外，不能容忍失误，你的路线图以及
你细致制定的方向不允许别人误解，这种管理行为就像是把人
们装进盒子。你可以让其他人理解，面对生活的纷纷扰扰，你

是凭着按部就班的本能来保持进步和效率。

教学建议

- 你天生就喜欢事先做准备,可能在你的班上每件事都有规划。对于你来说,学习不是突发行为,相反,你依靠长期的准备来创造有序的课堂环境。请明确你有充足的时间来做计划。如果你没有足够的时间,也要试着挤出时间。临时抱佛脚的办法你不喜欢,也难以达到你想要的效果。

- 当周围干净整洁,安排有序时,你感觉良好。然而学生可能会打破你身边的秩序,不妨每天只在一两个时段让教室恢复秩序。那样的话,你知道教室最终会回归有序,而你无须为保持有序而打一场必输的仗。

- 细节决定品质。你对细节及时间安排的关注会让你成为按时完成任务的明星。有高度纪律性和组织性的人在大多数团体里都是少数派,这意味着大多数人都无法配合你的细节安排。面对纪律性的普遍缺失,你可能需要做些手脚,将他人的时间"提前"一些,这样才能实现你的预期。

- 效率可能对你很重要。大多数人了解有些事必须做,但他们往往并不清楚一些重要的细节,比如由谁做,怎么做,什么时候做。你可以运用善于计划和建立有效规矩的才能,组织和厘清大家该做的工作。请记住效率来源于天赋与工作的配合,只有找到适合的人进入你安排的计划，效率和效益才会大大增加。

- 精确和翔实的记录对教学机构很重要。你可能有一套考察控制学生表现的设计完好的系统，你注意到家长对此十分欣赏。请考虑与其他老师分享你记录下来的学生资料，帮助他们更有效地评估分析学生的表现。

优秀教师访谈实录：关于纪律性

"我有几套详细的办法，确保我达成教学目标。家长们的确都喜欢我的成绩报告。"

"校长发现我有很多纪律方面的特长。当她想做某件事，并且做这件事要有条理和规划时，她会倾向于让我去做。"

天赋特质十六：体谅

你能察觉到周围的各种情绪，感同身受。本能的，你能透过别人的眼睛看世界，也能分享别人的看法。你不必赞同每个人的看法，也不必怜悯他人的困境，怜悯只是同情，而非体谅。你不必认同每个人的选择，尽管你能理解。这种天生的理解力是如此之强，令你听得出别人没有用语言表达的心底疑问。你预察他人的需求，当别人难以表达时，你总能找到合适的词汇和语调。你能帮助别人找到表达情感的最佳字眼。因此，大家喜欢亲近你。

教学建议

- 学生的感觉影响着他的学习方式。像愤怒、害怕、着急等负面情绪会限制学习，而正面情绪则会让学习畅通无阻。你捕捉这些情绪毫不费力，情感雷达让你敏感，让你意识到他人的感觉。请运用情感天赋来了解学生和班级作为整体一天的情绪变化，并在一个学期里对这些情感进行追踪，观察一下你能否发现对教学产生进步和退步影响的情感轨迹。

- 对遇到的个体情感，你高度敏感，这种敏感有时令你产生对此应负有一定责任的感觉。请不断提醒自己，你的体谅只限于简单的接触，不要有过长的情感牵扯和个人关系。如果他人的情绪不时在你心中徘徊，你开始感到对他们负有责任，在情感上你已经越界了。

- 有时，大家忘记了生命中存在强大的情感暗流，或者难以理解和识别这些情感，请你帮助他们。用心发展出更多的有关情感的词汇，除了"生气"、"伤心"、"高兴"之外，找到更多恰当的字眼来描述人类情感的丰富内涵和特征。当你运用这些词汇，把你看到和感受到的学生、家长和同事的情感准确地表达出来时，等于帮助他们理解了自己的情感，认清了做人的意义。

- 体谅与对他人的疾苦十分敏感相关，你仿佛天生长了与负面情绪相连的电线，但你不必也不应该把雷达永远限制在这个方面。请记住要容纳和加强接收所有的人类情感，包括正面情绪。"快乐"似乎不需要"悲伤"来中和，它也值得你关注。

- 情感智慧对你个人教学和与他人合作中的成功，都扮演了关键角色。不是所有同事都有你的情感直觉和本能，有些人在教学中可能更有逻辑性更理性。请考虑与这些同事结成互补的小组，他们理性的思考和你敏锐的感觉相结合，有助于确保培养出各方面都健全的学生。

优秀教师访谈实录：有关体谅

"有时一走进教室，第六感就会告诉我，某个学生在想什么事。我能捕捉到别人没有意识到的感觉。"

"学习过程中，任何学生有特别的要求，我都会觉得是理所当然的。我能感受到他们的挫败和迷茫，我的工作就是尽快减缓这些困惑。在学习过程中老师不该让学生独自挣扎。"

天赋特质十七：专注力

你每天都会扪心自问："我向何处去？"被内在的专注力所驱策，你需要一个明确的目的地。如果没有目的，你的生命和工作就会有挫折感。每年，每月，甚至每周，你都会设定目标。这些目标就是你的指南针，它帮助你确定做事的先后次序，并在必要时修正方向，回归正途。你的专注很有力量，因为它强制你要完成某事，你评价某个行动好坏的标准，就是这个行动是否有助于你接近目标。不是如此，那就不会去行动。最终，专注力迫使你有效率地做事。自然而然，专注力的负面作用就是你会为每个迟疑、障碍和曲折而忐忑不安，无论这些转折是多么吸引人。这会让你成为一名极其有价值的团队成员。当别人在歧路上徘徊时，你会带领他们步入正途。你的专注提醒所有的人，一件事如果无助于实现目标，那么这件事就无关紧要。如果这事不重要，那就不值得你花费时间。你让每个人都要把握重点。

教学建议

- 做一个项目，如果没有特定目标或计划，你会有挫折感。不过，这种紧张关系可以调整成正面激励。不要怒火中烧，请先明确自己想要达成的最终成果，制定详细步骤，设定目标，之后告诉他人你想怎么做。当你把这些重点告诉学生和同事时，你会大大提高他们实现你设定的最终目标的成功几率。

- 学校有时也是一个非常纷扰的地方，学生们的注意力可能会被教室里的混乱气氛和同学们之间的吵闹弄得分心旁骛。在学生分心时，请用上你的专注力，不时地提醒他们，他们的目标是什么，不厌其烦地帮助他们明白，今天的行为与未来的结果之间的联系。

- 当你设定一个明确的教学目标时，你会是名称职的好老师。目标好像一块强力磁铁，吸引着你迈向成功。日常生活中各自不同的要求有时会干扰你的注意力和工作积极性，这种现象令你感到沮丧。不如写下你的目标及计划，贴在一些醒目的地方，这些提醒会增进你的方向感和责任心。

- 你高度专注的能力可能让人误会以为你难以接近。让你的学生明白，你有时思想高度集中，并不意味着不喜欢亲近他人，当他们需要你的关注时，随时可以打断你。

- 有些学生可能完全没有意识到自己的进步，一些人很少留意他们到达的阶段性里程碑。你本能地理解这些通向成功的渐进过程，你比绝大多数人更清楚每一次进步。务必找个机会告诉学生他们个人本学年的进步，庆祝这一阶段的成功，给接下来的旅程带来动力。

优秀教师访谈实录：关于专注力

"我给每个学生设定特定目标，我保证每次课每个活动都针对这个目标进行，这样有助于教学过程更集中更有效。"

"我努力让自己和学生，在一段时间内集中做一件事。目标过多，只会一事无成。"

天赋特质十八：预见性

"如果那样的话，就好了。"你是那种喜欢眺望天际的人。未来吸引着你。未来好像投映在墙上，你能看到未来的细节，这幅详细的图画推动你向着明天进发。而这幅图画的确切内容取决于你的实力和兴趣，比如你想要更好的产品，更好的团队，更好的生活或更好的世界，它总能给你灵感。你是一个能看到未来愿景，并珍惜这些愿景的梦想家。当现实太过严酷，而周围的人太过功利，你就会记起未来的图景，它们给你力量，也能给其他人力量。事实上，非常多的时候，人们指望你描绘未来的图景，这样可以扩展眼界，也可以振奋精神。你给他们绘出未来图景，请多练习，精心措辞，让未来图景尽可能地生动。人们想拥抱你给他们的希望。

教学建议

- 学生们有时觉得上课很单调，令人厌烦，这不是秘密。你对未来的预见能让你透过常规现实看到令人开心的崭新未来。通过描述明天比昨天和今天美好，来激励学生。我们面对的现实是：对于大多数学生来说，学习就是工作，工作难免乏味。在学习中带给学生启发，可以丰富学习的意义和目的。

- 积极地不断地代替学生做梦，与学生一起做梦。用你的预见性和想象力，在学生们的头脑里、心目中播下美好未来的种子。诗是这样做出来的，奥运会奖牌是这样赢得的，乐曲是这样写的，公司是这样创立的，更好的捕鼠器是这样发明的。当学生们憧憬未来，请帮助他们实现梦想。

- 因为你对即将到来之事的预见，所以你就有了事前早做准备的巨大优势。请把教学常规之外的可能性说出来，与那些从你的预见中受益的人一起分享，使他们也能早做准备。

- 如果让你的未来愿景更有效发挥作用，你应该帮助他人不仅让他们看到未来的愿景，还要帮助他们努力实现愿景。不仅用视觉，还要用听觉、触觉、感觉及身临其境等多重感官的生动表达，向他人呈现未来愿景。你越多地帮助他人感受目标所向，他们越有可能实现目标。

- 为真正发挥你的天赋，请有意识地接近你想影响和激励的人。就像磁铁离得越近，磁力越强，只有离受益于你的人越近，你描绘的未来愿景才越有力，越吸引人。

优秀教师访谈实录：关于预见性

"我常发现自己想象的学校，与平常所见到的完全不同。那所想象中的学校在我心里栩栩如生。"

"对那些觉得自己在生活中一无所得的年轻人，我喜欢给他们描绘一幅令人愉悦的未来图景。"

天赋特质十九：和谐

你总在寻找共通点。在你看来，争斗与摩擦毫无价值，所以你尽量将其压缩到最小。当知道周围的人与你意见相左时，你总想找到双方的共识，避免与别人发生冲突，让大家和谐相处。事实上，和谐是你的主要品质之一。你无法相信，人们会浪费这么多时间，试图把自己的意见强加于人。如果我们不固执己见，转而寻找双方的共通点，那不是更有效吗？你相信大家可以做到这一点，你带着这种信念生活。当别人大吹大擂他们的目标、权益，激烈地坚持自己的观点时，你极尽平和。当别人转向其他方向时（只要他们基本价值观与你没有根本冲突），你情愿以一种平和的方式，修正自己的目标，以求与人和谐。当其他人开始讨论理论或概念时，你避开争论，更喜欢谈点实际的、根本的事情。在你看来，我们在同一条船上，我们需要坐这条船到我们要去的地方。这是一条好船，大可不必为了逞能而把船撞翻。

教学建议

- 在你看来，有成效的教学不是学生和老师的个人表现。你相信只有在想法一致、互相协作的环境中，才会有好的教学成果。设法加入一个教学团队，如果你的学校里没有这样的团队，那你就创立一个。这个过程会更好地彰显你的天赋，团队合作的环境能让你成为更加优秀的老师。

- 你天生比别人更愿意依赖合格的专家。仔细想想，你可以贡献什么特殊的专长，又有什么需要依靠别人的地方。这样做可以让你理清头绪，对你所在的教学团队会有价值。团队里的每个人都应明白，他们能贡献什么，他们依靠别人能收获什么。这样，团队协同作业的效率就会提升。

- 你可能更喜欢共识，而非异议。你认为，共识的价值远超争议的代价。大家就教学争论不休时，基于你的和谐天赋，请你把分歧敌对的双方团结在一起，提醒他们立场中的共同之处。

- 和谐的天赋让你乐于选择中庸之道，这让你成为理想的和事佬。或早或晚，每个学校都会发生争议不和，这就是你发挥天赋的时候。你不妨加入争论之中，不要火上浇油，带去一个公正平和的解决方法。

- 和谐不代表意见一致。和谐不局限于一种主张。它只是要求不同的主张相互调和，减少冲突。你特别擅长向他人指出，独奏固然很美，然而交响乐是由各种音响组成的。学生和老师合演的交响乐才是最为神奇的。

优秀教师访谈实录：关于和谐

"我们明年将开始单元式教学，一些老师反对这种教学法，而我看到好的一面：如果我们支持的话，也许能够取得成功。假定这是势在必行，至少我们可以在一起试一把。"

"我最不能忍受的是面对火气十足的家长。"

天赋特质二十：理念

你为各种理念兴奋不已。理念是什么？理念就是概念，是对多数事件的最好解释。当你在复杂的表象之下，发现一个简单明了的概念能解释事情为什么会如此时，你会非常开心。理念是一种关联。你天性就喜欢寻找事物的关联性，当看似毫不相干的事物，由隐隐约约的联系串联起来的时候，会让你痴迷。理念是给习以为常的挑战提供的新的视角。可以从新奇而令人兴奋的视角观察世界，转变我们对熟悉世界的看法，这让你欣喜若狂。你喜欢各种理念，因为这些理念蕴涵深刻，富有想象力，清晰明了，突破常规，怪诞新奇。因为这些，当新的理念在脑中迸发，你会精神振奋。别人视你为有创造力，有思想，很聪明的人。你可能拥有所有这些品质。但谁来确认这是不是真正的你？我们可以确认的只是，理念让你兴奋，大多数时候这就足够了。

教学建议

- 你的思想开放，富有创造力，天生地会为先进的概念和做法所吸引。你的学校如果没有教学研发小组，请设法创立一个。你可以带领这个小组，致力于通过教改，让教学更为优质。尽管课程内容很难更改，但你能将创造性的天赋运用到教学风格和方法上。学生们会受益匪浅，尤其是那些对上课不感兴趣的学生。

- 你天生就有能力淘汰掉过时的不适用的教学方法。不要浪费你的天赋。有时，学生们处在徒劳无功，甚至崩溃的边缘。他们想换种方法学习，可是又不知从何处入手。如果你能帮助学生发现新途径，来完成学校的功课、处理人际交往或整个生活，你就是他们的良师益友。

- 你把好的主意公之于众。你能提高这些主意的质量和数量吗？仔细想想，你一般在什么情况下想出好主意的？什么时候想出来的？确定一下一般是在一天的什么时间，甚至一年的什么季节。你在哪里想出的好主意？确定一下物质环境。你是一个人想出来的吗？还是与他人交谈时想出来的？如果是与他人交谈时想的，那么那个人是谁？通过回答上述问题，你可以判断在何种人际交往和物质环境中，你可以放大创造力。

- 你天生就有从多种角度考虑问题的能力。学校里不是所有的老师都有这种多视角分析能力，所以，有时你的观点和意见没有支持者。但你并不固执地坚持你的意见，只是你看到了事物不同的方面，而其他人没有认识到。此时，重要的是你应该把自己的想法说清楚，你只是把不同的观点提出来，供大家参考。

- 多数情况下，课程安排是不能改变的，而在教学方式和教学风格上，你的创造力才有用武之地。过时的不适用的教学方法被一种全新的出格的教学方法所取代，原本对学习没有兴趣的学生，会因为这种新教学法而兴奋。

优秀教师访谈实录：关于理念

"没有比教一个全新概念的机会更令我兴奋的了。"

"我的同事说，创造力是我最重要的部分。创造力能帮助我把课程更个性化，我的课经常在变。"

天赋特质二十一：包容心

"朋友圈尽可能更大一点。"你秉持这个宗旨来调整自己的人生。你具有包容心，你想让他人感觉是团队中的一员。与那些只在排外的小圈子里混的人正好相反，你极力地避免那些排外的圈子。你想扩大团队，人越多越好，只有这样，才能在更多人的支持中获益。你讨厌圈子之外有旁观的人，你想吸纳他们，让他们感受到团队的温暖。你天性就能接纳他人。无论种族、性别、国籍，还是性格或宗教信仰，你从不妄加评论。评论容易伤害别人的感情。若非万不得已何必伤人？你之所以这么有包容精神，是因为你相信，我们每个人都是不同的，每个人的个性都应尊重。另外，你深信从本质上来说，我们都是平等的，每个人都很重要。没有一个人应该被忽略。我们每个人都应被接纳。

教学建议

- 包容在社会上是一种很有用的天赋。你支持包容，反对排外。你真切而自然地感受到别人无法参与的痛苦，也能感受到每个人被包容被影响所带来的力量。如果学校或社区的团队被指责结党营私，请动用你的社交敏感度，去引导团队朝更包容的方向努力。

- 你的眼睛常会注意到，你的心灵也常会感应到，因为某些原因而被边缘化和丑化的学生。请更有意识地接触这些"边缘学生"。作为老师，你对他们的热情关心和接纳会让年轻的学生由不合群变为合群，从百无聊赖变成热心参与。

- 拿出办法让每个学生真正地感受到他们是班上或学校里

的一员。哪些信息是每个人都要知道的？哪些决定是每个人都可以参与讨论的？哪些社交活动是每个人都应该受到邀请的？如何确定每个人都能接受到你给予的认可和欣赏？随着这一系列问题的扩充，你周边感受到被接纳、受欢迎、能融入的人会越来越多。这种情感的表达对学生的学习很可能会产生积极的影响。

- 有时你对学校的奖励制度和相应的竞争机制感到为难。事实上，你更倾向于不设奖项，因为不是每个学生都能有奖。请不要反应过度。与其不设奖项，以免得不到奖的学生内心受挫，不如扩大和增加奖项，让每个学生都肯定有机会获奖。每个人都做过值得关注和表扬的事，你就是那个给他们鼓劲的人。

- 由于你能察觉到那些圈子之外的人，你会成为某个特殊团体和组织成长时的核心成员。很多时候，内部人会限制新人的加入和融合，以致那些能给组织带来潜力与影响的新想法、新力量都被拒之门外了。请认真发掘适当的人，来参与重要的教学工作。最简单易行的办法是邀请他们到你的班上参观，或请他们参加学校的某个委员会。

优秀教师访谈实录：关于包容心

"我的同事经常让我帮忙设计聚会方案。我想是因为我总能找到一种办法让所有人参与，并乐在其中。"

"学生们觉得我有时有点奇怪，我对让所有人都融入团队太在乎了，大家都要参与。我班里的每名学生都感到受到重视，并不是所有的老师都能这么做。"

天赋特质二十二：个性化

个性化特质引导你关注每个人的独特性。你对用某种类型概括他人感到不安，因为你不想笼统地抹杀他人的个性。你关注个体之间的差异，本能地捕捉每个人的风格、动机、想法，还有他们的人际交往。你聆听每个人生命里的各种故事。因为你的个性化特质，你总能为朋友选取最合适的礼物，你知道在公众场合有些人喜欢、而有些人讨厌被夸奖，你的教学风格尽可能照顾每个人的需要，让人感觉量体裁衣。你认真观察他人的能力所在，所以可以发掘每个人的最佳潜能。个性化特质能帮助你建立有效率的团队。当人们忙着寻找最佳团队的架构和流程时，你本能地知道，秘诀就是最佳团队由个人的力量汇聚而成，只有尽每个人所能做得更多才能成就最佳团队。

教学建议

- 在你看来，优秀老师不仅要对课程精深研究，还要公平对待、深入了解每名学生。你甚至会研究你的学生。请寻找与你有共同天赋，与你一样喜欢因材施教的老师，让他们说说，他们如何理解欣赏学生的个性的。这可以让你的教学水准上一个新台阶，更能适应学生的需求。
- 你关注和欣赏人性的多样化。请用你对个体的认识来帮

助建立真正契合的联盟、团队、委员会和组织。你清楚
了解每个人的个性，所以你能明白团体的大拼图如何由
个体合适地组合在一起。如果没有你对差异性的认识，
这些拼图的碎片无法组合，也无法协同作业。

- 你采取的教学方法依赖于每名学生的配合，这种教学方
法并不比标准教学更容易，或者更难，但它是帮助学生
学习的最佳方式。这种教学方法适合你，却不一定适合
所有老师。所以在评价其他老师的时候，也请差异对
待。正如你所认识到的，每个学生都有一套行之有效的
学习方法，每名老师也都有符合本性的教学方法。发掘
和欣赏学校里老师的差别化教学，或许你能帮助找到老
师与学生之间的最佳搭配组合。

- 你知道所有的事不可能适用一个标准，也清楚给学生提
供多重选择有很高的价值，但对选择的范围需要小心把
握。选择的项目哪些需要被限制，被削减？哪些可以提
供更多的选择机会？请给学生更多的选择，帮助他们做
出适合自己的决定。这有助于他们提高自主性，取得更
大的成功。

- 如果每天到校，你必须压抑本性，变成另外一个人，才
能成功被接纳？如果碰到这种情况，你可能需要换个环
境，重新定位，到你的才能可以更充分发挥，无须改变
个性的地方去。当你更多地表现自我，而周围的人依然
接受你、夸奖你，你的教学天赋才会得到最好的呈现。

优秀教师访谈实录：关于个性化

"每名学生都是独特的，我的班上有 30 个十岁大小的孩子，没有一个人是一样的。"

"我先了解学生的个性，才会用适合他的方式教他。"

天赋特质二十三：吸收

你有很浓的好奇心，喜欢搜集东西。你可能喜欢搜集各种信息，像词汇、事实、书籍或名言，也可能是有形的物件，像蝴蝶、棒球卡，瓷玩偶或老相片。你所搜集的这些东西都是你感兴趣的。你是做各种事情都兴趣盎然的那类人，这个世界的多样性与复杂性让你乐此不疲。你读过许多书，不是为了搞研究，只是为积累信息。你喜欢旅行，只是因为每个新地方都会带给你新奇的文物和史实。这些都被搜集储藏起来。收藏品有什么价值？收藏时你很难确切地说出何时何地会用到它，但又有谁能说清什么时候这些知识会有用呢？既然可能的用场有这么多，扔掉这些知识，你当然不会放心，所以你一直不断地获取知识，分类，储存。你乐在其中。它让你的思想保持鲜活，说不定某一天某个知识会有大用。

教学建议

- 你知道教学内容很多是抽象的概念化的，所以你会寻找让概念更真实易懂的方式。你天生地喜欢搜集各种有形的学习资料，而且搜集了很多。当你看到某个事项或材料时，你的脑子可能会跳跃到如何把它用在教学中，所以你对这些材料才会关注流连。请把你搜集到的东西列个清单，你就能清楚地知道有哪些东西你可以与人分享（把数量保持在可控的范围内）。评估一下用什么办法，将资源与那些可以从中受益的人一起分享。让学生和其他老师了解，你拥有什么资源，他们如何取用。当你与同事们一起分享时，你的资源也会增长，因为你可以更自由地搜集更多的材料。

- 你有搜集专长。可能某个教学课题或领域对你独具吸引力，促使你深入开掘更多的资讯和资源。优秀教师成为某个特殊领域的专家，而那个领域并不是他所教的科目，这种事并不少见。请让领导了解你凭着搜集专长而获得的各种知识及资源储备，并愿意分享因为你爱好求知而拥有的专业知识。

- 很多次，学校或社区会碰到特殊的挑战或机遇，可是却缺少足够的资讯。此时你是一个最好的资讯探寻者。请自觉搜集资讯和相关材料，提供给决策人。因为你提供的资讯，这些决策会更睿智更全面。

- 喜欢搜集资讯，渴望了解更多知识，让你对互联网难以抗拒。问题是搜集资料很费时。请找出符合你需求的网站，存下网址，以后像看报刊一样每天浏览。定时定量阅读，不要占用过多的时间和精力。如此一来，你可能会更快更有效，也易于向他人推荐你最欣赏的网站。

优秀教师访谈实录：关于吸收

"我喜欢教室里布满各种记录，比如全班完成某些计划的照片，远足时搜集的物件。谁也想象不到，看到这些记录可能会激发某个学生学习的灵感。当学生获得灵感时，我收获了最大的喜乐。"

"我让丈夫在地下室给我建了个储藏柜，里面储藏着我保存下来的各种学生习作。我不能确切地知道何时用到，但某一天对于未来的学生来说，某件藏品也许是最好的范例。"

天赋特质二十四：爱思考

你喜欢思考，喜欢脑力劳动，喜欢锻炼脑部肌肉向多重方向发展。脑力劳动需要专心一意，某个时段你可能只想解决一个问题，想出一个办法，只想了解其他人的感觉之类。至于你将目标集中在何处，就视你的其他能力而定。换言之，脑部活动可能漫无边际，爱思考的特质不会限制思考内容，只是表明你很爱想问题。你是那种喜欢独处的人，因为独处可以安静地回想事情。你是内省的人。某种程度上，你是自己最好的伴儿，你在内心里自问自答。当你将内心的各种想法与实际实施的结果作比较时，对于现实你会有些不满。内省会让你思考非常实际的琐事，如每天的杂事或你计划之后的某次谈话。不管内省把你带到何方，脑部的活动都是你生命中的重要部分。

教学建议

- 当你安静内省的时候，你的头脑最活跃最有效。教室里很少能安静，所以请一定找出每天安静独处的时候，比如坐车上班时，或一天结束，最后一名学生离开教室的时候。孤独是你思考的润滑剂。

- 你总在思索，午夜时分，偶尔会被惊醒，请记住你虽然思考不断，但想法可能会稍纵即逝。想办法抓住那些思维的亮点，也许你可以做个日志（纸质或电子的都行），这样能轻松地把脑中的思路变成白纸黑字。以后你能重温这些想法，并提炼它们。

- 内心的想法，对于你来说是清楚不过的事，别人却不一定知晓。不管学生和同事多么想像你一样想问题，但他们无法完全了解你的思维。请注意某些时候应敞开心扉，让别人一窥究竟。在开教务会议时尤其要开诚布公地说出来。

- 哲学和理论的探讨时常吸引你，让你想得很深。谁是你最佳的讨论对象？是谁帮助你厘清思路，获得上佳的想法？请与这样关键的人定期会面。把聚会看成磨砺头脑的机会，这会非常有趣。

- 你知道怎样提出好问题，并且喜欢找出答案，所以把教学当成一个值得思考解答的重要问题。请把引发激烈讨论，产生了最佳教学成效的问题记录下来，不断地问学生这样的问题。在准备每堂课时，列出你想让学生思考的主要问题。

优秀教师访谈实录：关于爱思考

"我为课堂讨论而活，喜欢看班里唇枪舌剑，它带给我许多思考。"

"很多次，从学校回家的路上，我都会错过家门口，我刚捕捉到某个灵感，等发现时，已经多走了十里路。在车里可以想很多事。"

天赋特质二十五：学习力

你喜欢学习。对什么科目感兴趣，这主要取决于你的其他特质和个人经历，无论什么科目，通常你都会被学习的过程所吸引。不是内容或结果，而是过程让你兴奋不已。从一无所知到终有所得，你在逐步的审慎的学习过程中充实着。从引发最初兴趣的某些点，到复习或实践所学知识的早期努力，再到学到本领后自信心的增长，这个过程诱惑着你。学习热情吸引你继续成人教育，比如瑜伽课、钢琴课或教师进修。当你被分配做短期项目时，当被期望在短时间内学习一门新科目，不久又转向另外的新科目时，此时的工作环境令你活力倍增。学习特质并不意味着你想成为某个领域的专家，或你渴望获得与专业能力提高相伴而来的敬意。学习的结果远没有学习过程来得重要。

教学建议

- 对学习的巨大热情，让你成为一般教学或学校特别事项中，最适合研究挑战性难题的人。你被视为在某些方面负责行动的最佳人选。某些时候有人走错路了，或因为不知如何是好而进退两难，请用你的学习天赋给他们提供信息，引导他们找到应对办法。

- 作为喜欢学习的人，你对受教充满热情。当你在陡峭的山崖上攀登时，你兴奋不已；而终于登上了一块高地时，你反而觉得索然无味。请让别人知道，你喜欢开疆拓土，愿意在新的领域探索。你是学校里重要的改革推动者。其他老师可能会被新主意新路径吓倒，而你对新鲜事物的热望会平复他们的担心，激励他们参与。不要低估你对他们的积极影响。

- 学习才能可能是吸引你从事教育工作的重要因素。你喜欢教学因为你喜欢学习。当你把关键点教授给学生时，你的学习才能也常被调动起来。丰富的学习经历有益于你的教学实践。不断扩展延伸你的知识领域。长此以往，你的教学能力会不断提高。

- 你喜欢学习的过程，可能并不在乎学习的结果——通过不断学习，获得知识，你可以长大成人或学有所成。花点时间明确你到底适合哪个领域。想想你过去五年里参加过哪些讨论会、课程班，买过哪些书。一旦明确自己的专长，让其他人知道在这些领域你可以提供帮助。如此一来，你的学习将有益于工作，你也可以与他人切磋，当然学到的就会更多。

- 想着每周写学习札记。你的脑子总是处于不断探索的状态，学习札记的方式和结构有助于捕捉记录学习所得。记下学习内容对你和他人都有好处。学习札记能成为你进一步学习的铺垫，旁人也可能从中获得知识。

优秀教师访谈实录：有关学习力

"我经常读传记，喜欢了解异闻趣事，并把它们讲给学生听。在读《丘吉尔传》时，我学到 Posh（指奢华）这个词的来源。当年富人们坐船去印度，去的时候坐在左舷（Port），回来时坐在右舷（Starboard），所以 Port Out 与 Starboard Home 的首字母合在一起，就是 Posh。实在有趣。"

"我之所以成为一名教师，是因为我能感受到学习的快乐。我喜欢学习，也希望年轻人体会到相同的兴奋。"

天赋特质二十六：完美

你追求的是完美，而非凑合。把事情从低于水平线做到稍高于水平线，尽管也花费了不少努力，但你觉得没有多大意思，只有把事情做到完美，努力更大，结果才真令人振奋。不管是你的还是其他人的能力，都会令你着迷。你像采集珍珠的潜水员，不断发掘寻找潜在能力的显示征兆。像无师自通，通过速成学习，跳跃式地掌握某种能力，这些都提供了潜在能力的一些线索。一旦发现了潜能，你会有意识地加以培养，改进，将这种能力达致完美。你不停地剖光珍珠，直到珍珠熠熠夺目。这种出自本能的对不同能力的人以不同的对待，会让某些人觉得被歧视。你选择与那些欣赏你独特才能的人交往，换言之，你会被那些有能力有素养的人所吸引。对于那些想改造你，想把你变成全才的人，你会避免交往，因为你不想用一辈子来抱怨你的缺陷。你宁愿抓住天赋优势，这更有趣，而且也更有效。直觉上，这样收获也会更多。

教学建议

- 优秀与能力会引起你的注意，这也部分地解释了为什么你会先于他人发现别人身上的才能与长处。你清楚地知道，改造缺点于事无补，而重视能力的你，可以帮助学生改变常有的一心要克服缺点的心态。请给学生好好地讲讲，他们如何做得更好，他们有哪些独具的专长。

- 因为懂得辨别，易被优秀表现吸引，你不妨评估一下，自己可以在优秀学生和班级上投入多少时间。如果差学生占用了太多时间，让你无法关注好学生时，那就设法挤出时间与好学生交流。只需投入很少的时间与精力，最好的学生就会轻易变得更好。这是教学时间的明智分配。当你必须与成绩提高得慢的同学一起努力时，带出过好学生的成就感会给你支撑。

- 你天生喜欢尽最大能力做事，所以适合培养出自己的教学专长。教快班的学生显而易见有好处，但不妨想得更远一点。哪个特殊的教学领域你获得了极大的成功？哪门课你最有热情，最擅长？全身心投入这个领域工作，有无可能？你愿意花去所有时间做的一件事，它是什么？也许你的选择不止一个。当你投入这些领域和活动获得最大成功的时候，别忘记当老师是你的职责所系。

- 你天生擅长评判优劣。你对优秀表现的热情和赞赏常常会让你对有出色表现的个人产生兴趣。请小心避免给人留下这样的印象，你只是喜欢好的表现，而非歧视差学生。试着把注意力从班里的好学生那里转移到每一名学生的长处上。那样的话，会有更多的学生从你对完美的追求中获得益处。

- 有人可能觉得你这个人有点挑剔。这很好啊。挑剔在一些人看来是反义词，其实明智的筛选对于扎实的教学是至关重要的。一旦讨论到什么人最合适某个重要位置，你应该会被选上，因为选你通常会带来好结果。

优秀教师访谈实录：有关完美

"我的一个学生特别注重细节，我知道一旦给他布置下要求细节的任务，他总会喜欢这种挑战并努力完成。"

"在给报告或演讲评分时，我会找出他们做过的最好的事来点评他们。我知道积极的反馈会激励学生取得更好的成绩。我可能会说：'你阐述的对于国家问题如公民自由学生们可以作出哪些贡献的段落，罗伯特·F.肯尼迪会非常欣赏。你觉得他会有什么评语？'这会帮助激发学生的潜能，同时也帮助我完成老师的职责。"

天赋特质二十七：乐观

你从不吝于夸奖别人，喜欢笑，总会看到事物好的一面。有些人认为你没心没肺，而有些人则希望能长一双与你一样乐观的眼睛。不管他们对你怎么看，大家都喜欢与你交往。因为你的热情具有感染力，与你在一起，世界看起来会更好。如果身边没有你的乐观与积极，有些人发现他们的世界充满了压力，一成不变。你好像总有办法能让别人放松，为每一件事注入活力，庆祝每一个小的成就，让所有的事更令人兴奋和活跃。有些玩世不恭者可能会排斥你的做派，但你很少受其影响。你的积极特质不允许你沮丧。你坚信活着真好，工作很有乐趣，并认为不管有多少困难，一个人不能失去幽默感。

教学建议

- 夸奖人是你的一大乐趣。在学校里你应以开放的心态真心实意地更多地夸奖他人。当碰到值得夸奖的事，请马上把你的想法与感情表达出来，让别人听到或读到。当你提到别人的优点时，他们会受到鼓励。这与你被夸奖时是一样的。

- 你明白寓教于乐的重要性。请用积极的心态创造一个充满阳光激情的教室和一个开心兴奋的环境。学生们学得会更快更多，因为你创造的这个地方让他们乐于上学，每个早上他们都愿意来，不是因为他们有义务来，而是他们想来。

- 让其他人知道你的积极心态不是出于天真，也不是看不到负面因素，只是自然而然地注意到好的方面。不断选择最好的方面，忽视其他方面。你的积极特质有利于提升士气，也许还能改变你所在的学校的氛围。

- 不是每个人都知道如何办一次聚会，而你是行家。不断地找机会在班里举办各种庆祝活动，可以为生日，为学生家里新出生的弟弟，为课外活动中的胜利，为成功完成某个项目，或者是因为周末的到来。开庆祝会时，你把快乐与激情注入学生的心里，只有学生们感觉到开心，他们才容易表现得更好。

- 当你感到你的学生或同事们不痛快时，试着宽慰他们。你能给他们安慰，提醒他们有许多开心的事情正在发生，你也能通过幽默来让他们放松。生活中有许多因素让人沮丧，而你天生积极的心态则是大家必备的良药。

优秀教师访谈实录：有关乐观

"每天早上，我都会兴致盎然地去上课。一想到在学校，我可能有机会让至少一名学生有重大改变时，我就兴奋不已。"

"我小的时候，不管去哪儿，离家时妈妈总会提醒我：'玩得开心啊。'这个态度帮助我做任何事都能享受到一份乐趣，我也忍不住会把这份美好的感情传递给学生们，不管他们何时离开教室，我都告诉学生一天里剩下的时间要开开心心的。"

天赋特质二十八：交际

交际特质描述了你待人接物的态度。简单地说，交际特质让你与熟悉的亲友关系更加密切，你不见得不想交朋友，你的其他特质也许让你很喜欢把陌生人变成熟人的快感。你从好友身上获得了许多快乐与力量，与好友相处你觉得很舒服。一旦建立了最初的联系，你总会渴望更深入的关系。你想理解他人的情感、目标、恐惧和梦想，同时你也希望别人了解你。你知道亲密关系也隐藏着某种风险，你可能被利用，但你却愿意承受这种风险。对于你来说，只有真诚的交往才是有价值的。至于检验真诚的唯一途径是像相信自己一样信赖他人。你与他人分享的越多，共同承担的风险就越大；共同承担的风险越大，越能证明你们的关系是否是真诚的。这是建立真正朋友关系的步骤，你愿意做这些努力。

教学建议

- 作为交际高手，你不见得想与所有人都结成好友，只有在不用掩饰自己的人群中，你才会觉得很舒服。作为一名教师，你可能在工作上需要一名亲密的朋友协助，这会使你成为更好更快乐的老师。如果你刚到一个新学校，请找出一名有可能成为你的好友的同事。

- 你的朋友都不是泛泛之交，是深入长久的朋友，通常需要一对一的长期联系才建立起来。你总会找机会与人建立亲密而温馨的人际关系。尽可能多花点时间与每名学生直接交流，当学生们了解你，你也了解他们的时候，你就会把情感因素加入到教学中，这对你与学生都有益处。

- 你需要时间来熟悉他人，你最好的一面只有在亲密温馨的关系中才容易发挥。请设法用一个学年多的时间带同一拨学生，不要每年都从头培养师生感情，与你的学生一起升入下一年级。这样做，会更有利于发挥你的交际才能。

- 有交际特质的人喜欢给予多过获取，这恰恰是他们的作风。不要忘记这是真正的慷慨，为了可以持续下去，你必须确定，你教学中获得的新知与教学中的付出相协调。如果暑假没课，那就利用这段时间来充实自己，以免在新学年里被掏空。

- 你在非正规的制度和环境下比在正规的制度和环境下更觉舒坦。规模越大、越复杂的学校越有可能有一个正规的制度。尽管规定增多了，但一定要有你需要的非正规的空间的存在。

优秀教师访谈实录：有关交际

"我喜欢安排课外活动。与参加一个人头云集的委员会相比，我更喜欢待在熟悉的小圈子里，甚至在一对一交往的环境里。人少，我更投入，也更能发挥才能。"

"与学生们有一对一交流的时间很重要，我可以了解他们，与此同时，让他们增进对我的了解也很好。"

天赋特质二十九：责任心

责任心促使你把曾许下的或大或小的诺言放在心上，情感上你觉得一定要履约。你的好名声有赖于此。如果因为某种原因，无法实现诺言，你会自动寻求其他的方式给他人以弥补。道歉是不够的，除非给了别人具体的补偿，你才会心安理得。尽职尽责，追求完美，加上很高的道德水准，让你拥有好名声。分派新的任务时，大家会最先想到你，因为他们知道你一定能完成。遇到他人求助时，要有所选择，太乐于助人有时会让你接受力所不能及的事。

教学建议

- 由于你以往当老师的记录很优秀，可能会有更多的角色和责任加到你的身上。首先，把这些看成对自己的肯定。其次，克制内心的冲动，不要轻易同意接受，提醒自己你的日程安排已经够满的了，如果再应承下来，之前的其他承诺有可能无法履行。像你这样对所有的事都有责任感的人，要做出取舍并不容易，但长远来看会有好处。

- 学校是学习和成长的地方。对于对与错的高度敏感，十分有利于你教导学生提高思想品德。如果以前你没有教过思想品德课，请考虑选修一门伦理道德方面的研究生课程，从中获得的知识，可以帮助把你的责任心转化为一种能力。

- 强烈的责任心会让你尽力满足他人的要求，你常常会答应他人的要求，因为这带给你动力和成就感，有时你应承的事太多了。请找一些你信赖的人帮你评估一下那些要求，让你适可而止，可能会对你有所帮助。

- 你天性会把参与的事当成分内事来做，对承诺的事本能上就会认真对待。因为责任感过重的本性，你必须有意识地分散担负的责任。当你把某些责任分散给学生或同事来承担时，要提醒自己，协助别人，把经验提供给他们，这有助于他们的成长和发展。

- 责任心让你很在乎成绩水准和道德规范。你想做事，并且把事做好。你知道如何把事做好，别人却不一定知道。请多对学生或同事明确说明，什么才是做好一件事的正确方式。当你传递阐明你的做事标准时，别人更有可能接受，并身体力行。

优秀教师访谈实录：有关责任心

"我相信规矩，凡是规矩，总有制定的道理。对有些人来说，这似乎有点过分，为什么要求老师遵守教学大纲呢？这是为了确保学生可以获得令其成功的知识。学生上课时为什么要安静呢？因为他们对彼此有责任，要创造一个有效的学习环境。"

"学生的学习好坏，我觉得是我的事。听别人说到'你放手吧，他们应该自己学'时，我十分惊讶。教学不能半途而废，师生应该一起走完整个教学过程。"

天赋特质三十：解决问题

你喜欢解决问题。有人感到奇怪，当他们遇到困难愁眉不展时，而你却跃跃欲试。你喜欢这种挑战，分析障碍的征兆，找出问题所在，并提出解决方案。你可能更喜欢实际、抽象、个人的问题，也可能专门找过去你遇到过的并有把握处理的特定问题，也有可能面对复杂而不寻常的难题时你有巨大的冲动。至于具体的偏好这取决于你的其他特质和人生经历，但有一点可以明确的是你喜欢让事情起死回生。找出障碍的关键因素，排除这些因素，让事情恢复光鲜的原状，这让你倍感欣慰。直觉告诉你，如果你不介入，这件事——这个机器、这项技术、这个人、这个公司——就会中断。你解决问题，排除障碍，使其复原。用你的方式把事情挽救回来。

教学建议

* 学习诊断是你的一种能力。本能的，你就能发现学习中的缺陷。判断学生学习障碍及局限的能力十分有效，你可以帮助他们找出突破障碍及局限的办法。你不但有一双发现瑕疵的眼睛，也有找到解决之道的潜能。试着给你发现的所有瑕疵找到解决办法。这样做，你能成为真正排忧解难的人。

* 你可能是解决教学问题的能手。请考虑主动要求带一个

问题成堆名声不好的差班，你的目标是让学生及班级形象发生转变。每个学校都有问题，让校领导知道你乐于解决问题，乐于加入处理学校面临的棘手挑战的委员会。

- 有人一听到坏消息就心情沮丧，而你则应付自如，别人说的坏消息威胁不到你。让学生和家长们知道，你欣赏坦白诚实，发现什么问题尽管告诉你。你会听取他们的意见，他们也会感觉到受人尊重，同时你也能及时注意到重点问题和需要解决的麻烦。

- 解决问题对你来说很容易，你也乐在其中。请记住有时解决问题最好的途径是启发别人自己动手。所以，遇到某些情况，克制自己想一展身手的冲动，可能更明智。以解决问题的主教练身份从侧面指导鼓励学生，最终让学生自己发现解决之道，并从这个过程中学到有价值的经验。

- 你可能对自己要求苛刻，清楚地意识到作为老师你的缺点及失败之处，也总在寻找办法来克服弱点，弥补不足。事实上，当别人夸奖你的教学能力时，你可能感到不安。请记住你真诚直率地鼓励他人，那别人夸你，你也应坦然接受。

优秀教师访谈实录：有关解决问题

"我乐于解决学生的问题，也擅长于此，因为我能发现问题的关键，但我常常不出手。如果你总帮着学生解决问题，学生们就永远学不会自己处理。"

"设法补救作为老师的弱点,对我来说很重要。我不喜欢知道自己的短处而不去补救,这也是学生的损失。"

天赋特质三十一:自信心

自信与自我肯定很接近。在内心深处,你从没有怀疑过自己的能力。你知道你能,你能冒险,你能迎接新的挑战,你能坚持自己的主张,最重要的是你能实践承诺。而自信远超于自我肯定,它不仅表现在对自我能力的认可,还表现在对自我判断的把握上。你认为,你看待世界的视角是独特的,没有人能像你一样准确判断,所以你认为没有人能做得了你的主,也没有人能告诉你该如何思考。别人可以引导你,可以提建议,但最后做决定采取行动还是你自己。不管什么情况,你似乎都能做出正确的决定。自信特质给你一种定力,与别人不同,不管别人如何劝说,你不会轻易被他人的意见所左右。自信的表现可能是内敛的,也可能是张扬的,这取决于你的其他特质,但自信是根深蒂固的,就像船的龙骨,它可以抵挡各种压力,坚守自己的航向。

教学建议

- 激励对你而言是个人的事,不用依靠他人的支持或指引。这个特质让你在需要独立思考及行动的场合如鱼得水。请在教学系统中寻找那种推崇独立能力的学校。当你获得行动自由时，你将会做出成绩。

- 尽管你无须他人的认可，但你的自信可能会传染他人。别人认定你具有权威的公信力，但他们想明了，你这么坚持的背后有什么根据。当你解释了坚持所依据的因素后，别人才会认可你的坚持。请做好准备，向他人说出你的理由，需要具体证据的人只有弄清了你的逻辑，才会认同你。

- 你可能凭直觉教学。有时，直觉引领你采取非常规方式，你的教学方式可能会被人误解。请努力证明，尽管教学方法与众不同，但你的教学成果是一样的或者会更好。当同事对你的教学法本质清楚了解之后，他们也许会更加主动地探讨你的做法有什么价值，并把那些做法融入传统教学中。

- 挑战吸引着你，因为挑战本身固有的冒险刺激，能够测试你的勇气。挑战给了你判定行动对错的机会，最终可以证明你是一个有价值的人。请参加攀登一座还没有人成功登顶的教学高峰或跨越还没有搭建桥梁的教学鸿沟，然而开始攀登，开始架桥。挑战会激发出你最好的潜能，当然更重要的是它会带来教学上大的飞跃。

- 如果你真心信服某事的价值，你会全力以赴地投入，而如果你觉得某事没有价值，即使只有少数人持这种立场，你也不会不安。卷入校园政治时，让别人知道你在什么情况下会投赞成票，这张赞成票很难争取，但一旦你支持谁，你就是最有力的、最敢言的同盟者。

优秀教师访谈实录：有关自信心

"我不会花费许多时间拟定教学计划，我觉得计划没问题，就很有把握。"

"有些老师说，每到一个新班级介绍自己时就会很紧张。我能体会他们的感受，但我不会这样。我知道我以前做得很好，这次也能做得很好。"

天赋特质三十二：追求

你想成为别人眼中最重要的人，更确切地说，你希望得到认可，你说出的话有人听，希望被人熟知、出人头地，尤其是靠你独特的才能被大家知晓和欣赏。你渴望因为诚信、专业、成功受到推崇，也渴望与那些诚信、专业、成功的人士交往。不符合这些条件的朋友，你会推动他们上进，否则就与之绝交。你有独立的个性，你希望工作是一种生活方式，不只是一种职业。在工作中，你希望得到自由，按你的方式行事。你有强烈的渴望，并以你的渴望为荣。你的生活中充满了各种目标、成绩或资格。无论你关注什么，你的追求特质都会不断推动你上进，脱离平庸，迈向出色。

教学建议

● 教师这个职业对你来说很合适，因为你在众人面前有表现欲。众目睽睽之下你感觉很舒服。请用你的才能做一个发言人，向公众宣扬老师在社会中的重要作用及影响，如果你愿意担任这个任务，将对提高老师的社会地位及获得更多支持，作出贡献。

- 在学校，你可能给人强有力的正面形象，这并非偶然。你希望大家看到你的正面，你持续不断地表现，以求建立和保持成功人士和可靠专业人士的形象。请不断注意和提升作为老师的形象，一直维持住公开形象，因为如果学生对你的第一印象不佳时，他们往往不去看你的实质内涵。学生喜欢老师时，他们更有学习动力。

- 你明白鼓掌、欣赏和认可的价值，事实上，你不仅明白，而且你需要激励。谁是你最重要的观众？请让他们明白，你看重他们的评价，以及他们对你有多重要。他们的欣赏会促使你向更高的水平冲刺。

- 在一些有自由度的学校环境中，你往往工作得更有成效，心里更舒服。你喜欢你做得了主的环境，因为所有的一切是你努力影响的结果。课堂是运用这种才能的绝佳舞台，虽然有外来的影响，但基本上你可以主导事情的进展。请运用作为一名老师的自由，让你的学生尽他们的本分。

- 你渴望成功和自信的心理，有助于你成为一名优秀老师。成功而自信的老师必须有成功而自信的学生。如果你想成为一名优秀老师，那就要让学生成长为优秀的人。你个人的雄心看起来有点以自我为中心，但对于班里的学生也许是份财富。只有对学生有很大的贡献，你才能成为一名好老师。

优秀教师访谈实录：有关追求

"作为一名教师，我会让学生知道，他在课堂上学的这些课程是这个世界上最重要的课程。"

"学生们喜欢我对他们的表扬。他们知道，能得到我的夸奖，说明他们做得真的很棒。"

天赋特质三十三：战略

战略特质让你穿越混乱，发现最佳路线。这种特质不是教出来的，它是一种独特的思路，笼统地说，是对世界的一种特殊透视。这种透视让你从别人眼中的复杂之物中整理出头绪。你很留意不同的类型，会在心中设想各种可能。你常问："如果出现这种情况怎么办？出现那种情况又该怎么办？"不断发问有助于你发现另外的视角，这样你可以确切地评估潜在障碍。在考察了所有的结果之后，你开始做出抉择。你剔除无望的绝路，也会剔除正面遭遇抵抗的路径，以及会走入混乱的迷雾的路径，你不断抉择，直到选定要走的路。以你的战略眼光为武器，你不断向前。"如果这样，会怎样？"这是你在工作中的战略特质的表现。选择，然后出击。

教学建议

- 各种可能性别人看不到，而你常常洞若观火。别人往往只看到摆在面前的一条道，而你能发现通过某个目的地的多种路径。发现各种可能选项的能力，对于学生在人生方向上做出重要抉择是很有价值的。与那些正处在人生十字路口的学生们分享你的多重视角，你可以帮助他们明白，他们面临着各种可能性，而最好的选择也许还有待发掘。

- 你强烈地意识到，新的尝试不该没有充分的计划和准备。请让负责学校及社区新项目的人知道，在开始新项目之前，你是可以借助的人。请运用你的能力，提供各种可能选项，并找出前方的最佳路径。教学项目开始前先做策略规划，有助于提高成功率。

- 智慧让你关注未来的可能性，你会被前方的"如果这样，会怎样？"所迷住。请发掘怀有教学梦想及前景的人，帮助他们找到把梦想变成现实的路。这种助力的价值之高，超出你的想象。

- 对你来说，教学计划从来都不是一成不变的。你很少会用同一种方式教同一门课。相反，你会带着各种可能走进教室，根据当时的教学氛围和目的展开教学。其他人觉得你这种创意教学太过随性。如果你与那些在教学上循规蹈矩的同事一起合作，请让他们看到你教学的价值在于鲜活多变，切合学生的需要。

- 你可能有过人的预知力和想象力。寻找参与决定学校及社区的未来方向的机会。你开放而有创造性的思路会有助于讨论协商出一个更光明的未来。

优秀教师访谈实录：有关战略

"我教学生写作文时，喜欢让他们在开放式的故事后面续写结尾。这确实可以扩展想象力。"

"我从来不去预判班上讨论的最终结论，所以常有多种选择，视讨论的情况再确定课后作业。"

天赋特质三十四：取悦

取悦代表赢得他人的欢心。你喜欢结识新朋友，并博得他们的好感。你一点都不怕陌生人，见到陌生人反而很兴奋。你亲近他们，想知道他们的名字，问他们问题，想找到共同的爱好，借聊天建立关系。有些人对与陌生人聊天感到害臊，担心闹笑话，而你没有这种感觉。你不仅不会词穷，而且与陌生人打交道很开心，因为你从打破陌生建立联系中获得满足感。一旦建立关系，你会很高兴顺杆爬，将关系继续下去。因为有陌生人可以结识，有新的天地可以开发，有新的团体可以融入，在你的世界里，没有陌生人，只有你没有见过的许许多多的朋友。

教学建议

- 人们常夸你擅长社交。你需要交谈，需要与每个人交朋友，博取大家的欢心。你有处理好这类事的能力。请思考一下，在做得很自然很好的领域里，你如何做得更好。你能判断你的社交能力吗？你知道在典型的一天里你接触过多少人吗？你记得与学生、家长、同事、学校主管或服务人员有过多少互动交流吗？增加交往会让你有满足感，对你的事业及学生也有好处。

- 在社交上采取主动对于你是自然而然的事。与陌生人对话，建立人际关系，在你来说很轻松。你的社交能力极好地为你所用，尤其在给新生和陌生人教学时，你的取悦天赋能让新来的人很放松。请在教师相互熟悉时、开学第一天、家长教师见面会上，运用你的天赋。你与陌生人交朋友的能力会令你光彩夺目。

- 学校是一个强调知识价值的地方。社交天赋让你明白，某种场合你认识谁比知道什么更重要。不管喜不喜欢，你的教学努力常受政治因素影响，你也许可以考虑，更多地介入对教学工作有影响的政治领域，你容易获得他人好感的天赋，会有助于制定对教学效果有重要作用的政策，并争取到相关资源。不要低估你的社交能量，你的能力足以获得背景多样而广泛的支持者。

- 你希望被别人喜欢，现实中你也是一个讨人欢喜的人。如果学生们喜欢围着你，可能就不会找借口逃课。如果学生们喜欢你，也会听你的话，从你这里学有所获。教学不是人缘竞赛，但个人魅力和吸引力也是有益教学的重要资源。有没有特别的学生曾经对你是一种挑战？请记住蜂蜜招来的苍蝇比醋招来的一定多。

- 记住别人的名字可能是你的取悦天赋中令人嫉妒的优势。尽可能多地叫你的学生和同事的名字。在一节典型的课上，学生的名字多少次被你提了？每个学生听到你叫自己的名字是一天内？一个星期内？还是一个学期内？学校里你能叫出名来的学生比例是多少？是25%、50%，还是75%？请提高这个比例，增加你与学生和其他同事的见面次数。

优秀教师访谈实录：有关取悦

"不能跟新学生交流，会令我不爽。通过聊天可以让学生们掏出真心，努力寻找双方的共同点，会自然而然地成为朋友，本来师生就应该成为朋友。"

"我要与所有老师、职员和管理层保持良好关系，一些同事不能认可这一点。可是当他们想向管理层提意见，又会选我当他们的代表。他们知道，想说服管理层，找我准没错。"

第五章

你向何处去

能力之旅的第一步是发现天赋，第二步是学会运用天赋。天赋的使用是一辈子的事，本章教给你一些关键点。

学习运用天赋只是万里长征的第一步。到目前为止，我们已经学过大脑是如何发展出天赋，天赋是什么，如何在天赋基础上培育能力，如何在班上运用天赋。这是能力之旅开始之前你需要了解的最后一环，也是我们想与你分享的最重要的看法：用一辈子来学习如何运用天赋。

能力之旅的第一步是发现天赋，第二步是学会拥有和运用天赋。每天都有新的挑战，新的机会，新的途径来了解运用天赋。作为教育工作者，我们提倡终身学习，其中最重要的还是能力提升。在这一章中，你将发现运用和投资天赋的一些建议。

请记住如下关键点：

- **不要孤立地想问题**

天赋是复杂的，一起协调用起来更为复杂，但运用这个复杂的天赋会给能力的提高带来绝佳的机会。如果你只关注自己的一个天赋，或认为某个天赋只适用于某个特定情境，那你就大错特错了。所有天赋综合协调发挥作用，遇到某个情况会产生独特的力量。你的优秀是依赖于天赋交互运用中，能够理解、把握和发挥其最大功效。同样的，只凭借单一的天赋你是无法成为一名优秀老师的，个人也不限于拥有一种天赋。根本上，你是所有天赋，你天生的思考、感觉和行动能力的混合体。

- **从合作中找到力量**

在发现和鼓励每个人发挥天赋的环境里，你的天赋才能达到极致，个人的能力才能获得最大的功效。迈克尔·乔丹曾经说过：好球员能赢得比赛，而好球队才能赢得冠军。的确如此。用个人的天赋，你能完成许多事，但也存在很大的局限，只有大家运用各自的天赋相互合作，才可以创造更惊人的成就。

不过，结合各自的天赋需要遵循互惠的原则。只有当合作者认识到对方能提供独特而必要的天赋，成功而满意的合作才能诞生。你了解自己的天赋，知道自己能给予他人什么，而了解他人的天赋，你就比较能够、也比较愿意接受他人提供的最好的帮助。

- **不浪费时间和精力修补个人缺陷**

人们对自己的缺点耿耿于怀，甚至在发现了自己上佳天赋带来的巨大潜能之后，依然如此，这令人奇怪。要避免这种误区。发展你能做得好的长处，成功一定在于你的能力，而不在于你没有什么能力。

开始你的能力之旅

所有一切从理论上看起来很好，最重要的一步是把好的理论落实到实践中。在开始你的能力之旅前这里有一些具体的建议。很多建议在有些采用了能力理论的学校很适用，但你也许要针对自己的情况做部分调整。

- 写下个人使命宣言，描述你的生活及工作目的。列出你的价值观。想一想如何运用天赋来达成你的价值观，完成个人目标。

- 请考虑与良师和能力教练一起工作，通常，最好的发展机会来自于一对一的关系之中。

- 回顾和分析你的成功之处，把你的思考告诉工作伙伴和团队，尤其是合作得最好的那些人。找出你们的合作才能如何一起发挥，为什么彼此能如此高效的原因，这有助于你发现你和合作者的天赋。

- 找出对你的个人发展及角色完成最重要的三个人。用你的天赋特质作为话题，与他们交谈，讨论作为一个小组，如何将你的才能融入，以创造更大的成功。

- 准备每天的日程时，请想一想你的天赋。思考在完成每项任务时如何更好地运用天赋。不要忘了在天赋的基础上增长技能和知识，以形成能力。

- 你或许知道本学年学校面临的挑战，一定要正视没有预料到的事。面对挑战时，想想如何发挥天赋，选择哪位合作者可以取得成功。

- 思考一下如何运用专属特质来完成班级的年度目标，要特别注意把你的天赋放到每个任务中来实现目标。

- 在周围环境中运用标语和标志很重要。（不以为然吗？想想房间号从门上消失会发生什么？）考虑一下把什么标志和提醒语布置在班里和建筑上，提示每个人学校所提倡的能力教学。如在教师的门上贴上展示他的专属特质的标志。

- 每次开会都以能力话题作为开场。你问的问题要有创意，有时最简单的问题往往更能引起热议。问一下与会的每个人，最近他们用自己的特长加强了哪方面的能力？他们期望如何运用天赋来处理突发事件？是否需要一个和他有互补天赋的合作者？

- 想想学生的天赋。如何发现他们最佳的学习模式？如何帮助学生了解他们也有成为优秀人物的天赋？

开始之前

自我认识比你想象得拥有更大更广泛的影响。对自己的天赋了解得越多，你会发现天赋对能力提高的帮助越大；对天赋与能力的联系越关注，就会更多地意识到你身上拥有的可以成为好老师的潜能。

苏姗娜第一次见到女儿三年级的老师——贝尔女士时，才意识到自我认识的价值。苏姗娜说："伊丽莎白一年级和二年级时表现还可以，但她的老师好像没有帮助她取得更大的进步，或没有帮助她在这个有时有些残酷的世界保持自信，推动她迈向成功。"而伊丽莎白上了三年级后，从学校回到家里好像变了一个人。伊丽莎白更外向了，每天都会聊起学校里的细节，给妈妈看家庭作业，喜欢交朋友。苏姗娜说："甚至她从学校回家的走路方式都不同了，她蹦蹦跳跳着回家的时候更多了。"

苏姗娜一直没有把伊丽莎白的表现与贝尔老师联系到一起，直到随后一次的家长会。贝尔向苏姗娜展示了伊丽莎白的一些数学和语文作业，她不断地说："这个作业是不是很棒？你看每次作业伊丽莎白多用功啊！"

过了一会儿，苏姗娜打断了贝尔老师的话："我告诉她：'我正等着你说但是。'其他老师在表扬之后，往往会说：'但是伊丽莎白还应该在这个或那个事上多努力。'或者'但是我们还要注意她的一些差的地方。'或者'有些缺点现在应该多加小心。'永远有一个'但是'。"贝尔老师与其他老师不同。苏姗娜接着说："在贝尔老师的班里没有'但是'。她注意到伊丽莎白做得好的方面、她的最佳的天赋，并向伊丽莎白保证她会取得更快的进步。"

果真如此。苏姗娜觉得她当父母最称职的一年，就是伊丽莎白三年级这一年，那年伊丽莎白表现最佳，这是贝尔老师用她的教学才能培养出的硕果。"我相信，贝尔老师不怕做她自己，不怕在课堂上表现自己的天赋。她知道如何把最适合当老师的一面展现出来，挖掘出各种教学能力。她知道如何让我的女儿抛弃那些'但是'，获得自信，专注于自己的天赋。"

贝尔女士从来没有听说过能力理论，可能也不知道她拥有独特的天赋，很有可能不清楚克利夫顿能力发现测试的存在。然而，贝尔女士是能力运用的最成功的范例。

知道自己的天赋，并将其作为能力提高的基础，这会让你成为一名优秀的老师，而我们的教育系统需要越来越多的像贝尔女士这样的好老师。她可能不了解能力理论，而你可以了解。我们社会不容许再失去任何一个好的老师，只要尽其所能发挥本来的天赋，好老师可以变得更优秀。这是我们写这本书的原因。你是不是也是因为这个原因读这本书的呢？还是因为你是那种精益求精的老师？我们希望对你有所帮助。

盖洛普组织花费了数十年的时间研究好老师的秘诀。全世界的顶级专家分析了好老师在教学中的总体影响及他们对学生的独特影响。这项大规模、整合性、前所未有的研究证实了一些可能是你长久以来的看法：好老师是我们社会最有价值的财富。最起码，老师们给年轻人提供了做个成年人必备的教育，有时，好老师甚至可以挽救那些被人认为一无是处的年轻人。

好老师最期望的是在学生的生命中产生重要的影响。他们不仅想在一个又一个的学生身上，也希望在整个社会中留下印记。请认同这一点，天赋是能力的基石，它会对人生产生助益，当然也会帮助老师们留下那些印记。老师和学生的互动是如此重要，所以老师一定要获得令他们做到最好的办法。我们希望读者运用本书中提供的办法，让自己日臻完善。这是作为教育者的你，和被你教育的学生们，应有之权利。

增值部分

　　盖洛普机构发展促进系统帮助过学校管理者、老师、职员和学生发现他们的天赋，并将这些天赋成功运用在学校里，也用在他们人生过程中。

　　建设一所以能力为基石的学校要学得更多：

- 给盖洛普教育机构打电话：402 – 951 – 2003
- 通过电子邮件联系我们：twys@ gallup. com
- 浏览我们的网站：http：//education. gallup. com
- 订阅盖洛普教育在线杂志《盖洛普教育》(Gallup Educator)，网址：http：//education. gallup. com/educator/.

附　录

克利夫顿优势识别器：常见问题研究

前　言

当对一个工具，比如，克利夫顿优势识别器进行评估时，必须考虑许多技术问题。这一系列问题与信息技术相关，也与以网络为基础的应用软件为研究天性所能提供的不断增大的可能性相关。还有一系列问题与众所周知的通过测量对人类行为进行科学研究的心理测量学相关。为了让心理测量学适用于测试开发，要求克利夫顿优势识别器必须达到美国和国际的许多标准。克利夫顿优势识别器主要处理因适用那些标准而引起的问题，以及管理人员将克利夫顿优势识别器应用于自己组织中所产生的技术问题。

在此，我们列举了相关技术参考，以便那些希望查阅基本原始资料的读者能够看到。在许多地方大学图书馆或网络上都能找到这些技术资料。希望读者能够在常见问题研究结尾部分查阅所列举的这些资料。如果读者有其他问题，请联系盖洛普，

索要一份《克利夫顿优势识别器技术报告：发展和验证》（Lop-
ez，Hodges，& Harter，2005）。

克利夫顿优势识别器是什么？

克利夫顿优势识别器是一个从正向心理学角度进行的以网
络为基础的人才评估工具。通过一个安全的链接，克利夫顿优
势识别器向用户展示了 180 个项目。每个项目列举一对潜在自
我描述符，例如"我仔细阅读说明"和"我喜欢马上进入状
态"。这对潜在自我描述符固定起来，如同锚固一个连续体两
极。让参与者从每对自我描述符中选出那个最能够说明自己的
描述符，以及该描述符描述的范围。在系统移动到下个项目之
前，留给参与者 20 秒钟时间让他们对所给定项目进行回答。
（克利夫顿优势识别器开发研究表明：20 秒钟时间限制会导致项
目未完成率可忽略不记）

什么是正向心理学？

在第二次世界大战后的 50 年时间内，心理学主要针对病理
模型来试图诊断和治疗精神疾病。研究主要针对于在人体功能
疾病模式内的损害修复。尽管这个时期内在精神疾病治疗方面
产生了许多重大突破，心理学主要是针对这些病理模型，这些
病理模型很少关注那些开心满足的个人和兴旺发达的组织。针
对 100 多年来的心理学文献研究发现，大约有 8000 多篇文章是
关于愤怒的研究，58000 多篇是关于焦虑的研究，71000 多篇是
关于抑郁的研究，但是仅仅发现有 850 篇是关于喜悦的研究，

3000 多篇是关于快乐的研究，5700 多篇是关于生活满足感的研究。研究发现描述负面情感的文章数量要远远超过描述正面情感文章数量，而且比例达到 14∶1（Myers，2000）。

由诸如唐纳德·克利夫顿博士和马丁·塞利格曼博士这样一批先驱者开创了众所周知的新的心理学视角——正向心理学。正向心理学即"对最佳人体功能进行的科学研究。其主旨在于发现并推进这些能够允许个人或组织乐于某事的因素"（Sheldon，Fredrickson，Rathunde，& Csikszentmihalyi，2000）。正向心理学是发现个人或组织中的天赋和优势，并以天赋和优势为基础来帮助他们发展进步。这个新范例能够发掘出新办法，帮助人们来实现蓬勃发展，而不仅仅只是实现其仅有的功能。在正向心理学运动范围内，能够引起人们注意的课题包括勇气、优势、智慧、灵性、快乐、希望、适应性、自信、满足和其他相关研究区域。这些课题主要以个人、工作组、家庭或组织为单位来开展研究。对心理学正向法的强劲接纳可以通过专注于正向心理学所发行的特别期刊来证实，诸如在《美国心理学家》（2000 年元月、2001 年 3 月）和《人本主义心理学》期刊（2001 年冬季）以及在正向心理学领域内关于这些课题所编撰的一系列书籍（Cameron，Dutton，& Quinn，2003；Keyes & Haidt，2003；Linley & Joseph，2004；Lopez & Snyder 2003；Snyder & Lopez，2002）。

自从其创立之时，盖洛普组织已经成为正向心理学运动的一个突出和公认的领导者。2003 年 1 月，克利夫顿先生被授予美国心理学协会会长奖，以表彰他在基于优势心理学领域的先驱作用。这个奖项表明："致力于创造出生活和工作的最好最高的愿景，而不仅仅是纠正弱点，使克利夫顿成为优势心理学之父。"

　　盖洛普筹办了前五届大型心理学峰会，现在每年参加峰会的有 300 多人，这些人是心理学研究领域的领军人物、研究生、心理学职业医师。盖洛普也通过对人才雇佣、优势发展、员工敬业度、客户互动等领域的理论发展和实验，积极参与正向心理学学科研究。另外，许多在正向心理学领域具有领导地位的学者都是盖洛普资深科学家组织的成员，成立该组织的主旨是为了那些全球性领军人物，这些人可以在会议和客户端程序进行指导，开展可以发布的研究，并把他们专业知识转借给盖洛普研究设计和咨询。当前在盖洛普组织中从事正向心理学研究和指导的资深科学家包括 Chip Anderson（阿苏萨太平洋大学），Bruce Avolio（内布拉斯加林肯大学），Mihaly Csikszentmihalyi（莱蒙研究大学），Ed Diener（伊利诺伊大学香槟分校），Barbara Fedrickson（密歇根大学），Daniel Kahneman（普林斯顿大学），Fred Luthans（内布拉斯加林肯大学），Philstone（哈佛大学）。

　　詹姆斯·K. 克利夫顿，盖洛普组织主席和首席执行官，向参加第一次国际正向心理学峰会的所有与会人员描绘了正向心理学的未来发展前景。

　　"我们相信这个世界需要的许多答案和办法都隐藏在这个新学科里面［正向心理学］。我们［盖洛普］将持续尽力捐资并且提供方案，用数学和经济学来加强大众所认为是十分薄弱的学科。当然他们是错误的，因为他们不知道你们［正向心理学研究人员］的许多发现中所蕴涵的力量。盖洛普与这个新机构的最佳合作伙伴是能够提供研究和证据，证明这个学科像物理学或医学那样成熟独立。这将是我们的贡献。"（Clifton，2002）

是不是可以假设克利夫顿优势识别器是个与工作相关的发明，或医学发明，或者两者兼具或两者都不是？

克利夫顿优势识别器是以正向心理学为基础进行的综合评估。其主要应用于工作领域，但是这个已经被用于在各种角色和背景下去理解个人，——职员、管理团队、学生、家庭和个人发展。不是针对精神病理疾病的临床评估和诊断而设定的。

为什么克利夫顿优势识别器不是基于自从1980年已经在研究期刊上确定的"大五"人格因素？

这"大五"人格因素指神经质（其反映情绪的稳定性——得负分）、外向性（寻求其他人的合作）、开放性（对新经验和观点等等有兴趣）、宜人性（喜好度、和谐性）、责任感（保守的、循规蹈矩的、诚实正直）。大量科学研究表明人类人格功能可以用五个纬度术语来概括。对此已经进行了跨文化和语言的研究（McCrae and Costa，1987；McCrae and Costa，Lima，etc.，1999；McCrae，Costa，Ostendorf，etc. 2000）。

克利夫顿优势识别器不是建立在大五基础之上的最主要原因是，这大五是个测量模式而不是个概念模式。它起源于因素分析，没有理论基础来支撑它。它包括通常所接受的最少数量人格因素，但在概念上它只不过是一个带有4个或6个因素的正确模型（Block，1995；Hogan，Hogan，& Roberts，1996）。克利夫顿优势识别器的某些部分能够被归结为这大五方面，但是从这样做法中什么都没有获得。事实上，把应答者对克利夫顿优势识别器的得分削减成为五个纬度将产生很少量的信息，这个要比任何大五测量要少得多。

克利夫顿优势识别器是怎样开发出来的?

克利夫顿优势识别器的概念基础是建立在三十年来成功案例的研究之上的，这些案例横跨商业和教育领域的各种功能。在开发克利夫顿优势识别器时，参考了从约两百多万人中提取的数据。这些项目是从标准相关效度研究数据库中选择出来的，这个数据库还包括超过 100 个预测效度研究（Schmidt & Rader, 1999）。可以在多个样本中进行因素和可靠性分析，以评估项目对主题测量的贡献以及这些主题得分的连续性和稳定性——因此，在最大主题信息和测量器具长度效率之间取得目标平衡。

为什么克利夫顿优势识别器使用这 180 个"项目对"，而没有使用其他的?

这些"项目对"反映盖洛普三十年来以系统有组织方式对成功人士所开展的研究。这些都源于对项目功能的定量审查，以及在主题范围内对主题和项目代表性内容审查，还特别顾及整个评估的构建效度。如果我们希望对确定天赋范围进行评估，那么这个项目数据库应该是比较大而且种类各异的。众所周知的人格评估范围从 150 个项目到 400 个项目。

克利夫顿优势识别器的项目是不是通过自比进行得分，如果是，那么是不是这个限制这些项目得分？

自比性是一个数学术语，其主要是指数据矩阵一个方面，例如一系列得分。当每个应答者得分总额是个常量时，则认为数据矩阵具有自比性。更普遍的是，自比性是指能够特别定义某人但是还能够以非常有限方式在这些人之间进行对比的一系列数据。例如，如果你对自己所喜欢的颜色进行排序，另外有其他人也把自己所喜欢的颜色进行排序，正是因为有自比性，所以该人不能把对任何特别颜色的偏好程度进行对比；而所能够对比的只是这些等级。在 180 个克利夫顿优势识别器项目中，有不到30%项目是通过自比性来进行得分。可以把这些项目分布在克利夫顿优势识别器的主题范围之中，没有一个主题包含超过一个将以产生一个自比数据矩阵方式来得分的项目。

如何来计算克利夫顿优势识别器的主题项目得分？

在自我描述强度平均值基础之上来计算这些得分。对每个自我描述，给予应答者三个应答选项：完全同意、同意、中立。通过一个专用公式为每个应答类别指定一个数值。对主题中的项目数值进行平均，然后推导出一个主题得分。可以把这个得分作为平均值或作为标准得分或作为百分数予以上报。

是不是把当代测试得分理论（例如，项目反应理

论）应用于开发克利夫顿优势识别器？

开发克利夫顿优势识别器是利用盖洛普人才优势活动所积累的知识和经验开发出来的。因此，最初是以传统证据效度（构建、内容、标准）为基础来选择这些项目。这个是为开发评估所普遍接受的办法。目前正在探索能够把项目反应理论应用于那些既是异质性又是同质性评估的方法（Waller，Thompson & Wenk，2000）。克利夫顿优势识别器的另外更新可以更好地使用其他统计方法来改进这个工具。

可以开展哪些与克利夫顿优势识别器相关的构建效度研究？

克利夫顿优势识别器是在正向心理学基础之上对天赋进行的综合性评估。因此，毫无疑问在人格测量和其他普通测量所发生联系的相同程度内，它与这些测试具有相关的联系。

可以通过许多分析类型，对构建效度进行评估。在开发过程中，已经对这些项目进行了定点测试。可以保留那些带有明显心理计量特征（包括与这些主题相关的项目）的项目。

项目应当在比较高的水平上与他们所拟订的主题（构建）相关，而且这个水平比相关的其他主题（构建）要高。在对601049个应答者进行后续研究过程中，项目对主题平均相关性（为部分整体重叠进行纠正）比项目与其他主题相关性要大6.6倍。

也可以在收敛及区别效度证据基础上对构建效度进行评估。2003年构建效度研究已经发现克利夫顿优势识别器和人格五大因素模式之间的关系。在克利夫顿优势识别器主题和五大因素模式构建之间已经建立了几个所期望的关系。例如，纪律主题与责任感相关度为 0.81。从理论上来讲，这些构建在与纪律和规划关系方面具有类似的定义。其他范例则包括在等待指令和外向性之间的相关度为 0.83，构思能力和智力测验之间的相关度为 0.70，以及正向性和随和性之间的相关度为 0.50。

收敛及区别效度研究是以前和现在构建效度研究的一个部分内容。

克利夫顿优势识别器得分能否变更？

对于这个重要的问题，有技术上和概念上两个答案。

技术答案：克利夫顿优势识别器所测量的天赋，能够展示信度属性。为克利夫顿优势识别器进行信度估计的最重要形式，从技术上称为再测信度，这是一个随着时间推移得分能够保持稳定的范围。与当前心理测定标准相关的克利夫顿优势识别器的主题上的再测信度比较高。

几乎所有克利夫顿优势识别器的主题都有超过 6 个月期间 0.60 和 0.80 的再测信度。如果最大再测信度得分是 1，则表明所有克利夫顿优势识别器应答者就两次评估得到了几乎相同的得分。一个跨越多个时期的单独主题的平均相关值是 0.74（由在平均 17 个月之内横跨行政部门之间的 706 位参与者得出此结论）。

概念答案：虽然对这种稳定性充足程度进行评估是个经验问题，而一个人的天赋概念起源也与此有关。盖洛普已经在多

年内对多层面识别绩优者的生活主题结合定性和定量调查开展
了系列研究。所有参与者年龄范围跨度从十几岁的青少年时代
到七十多岁的成人时代。在这些研究的每个案例中,其核心是
确定与成功相关的长期思维、情感和行为模式。所使用的会面
询问线条既是前瞻性又是回顾性的,例如"从现在开始到未来
的 10 年内你想要干什么?"和"你在什么年龄开始第一次从事
销售?"换句话说,我们对工作中卓越表现的原始研究兴趣时间
表是长期的,而不是短期的。所开发的许多项目能够对工作稳
定性提供有用的预测,因此表明测量属性具有持久性。对两或
三年的时间跨度内的工作业绩进行跟踪研究,能够帮助盖洛普
更好地理解其采取什么手段能够使岗位责任者发挥持续效力,
而不仅仅是获得短期的效益。在原有生活主题研究多数内容中,
涉及与动机和价值相关的维度和项目的突出特点,也可以鉴定
识别人类那些恒久素质的克利夫顿优势识别器的设计。

在克利夫顿优势识别器进行应用的相对较早阶段内,还不
十分清楚被测量个体的突出特点将能够持续多长时间。通常情
况下,其可能持续数年,而不是数月。我们可以设计最短五年,
最长达到 30 或 40 年甚至更长的时间范围。越来越多的证据
(Judge, Higgins, Thoresen & Barrick, 1999) 表明,在整个几十
年寿命里某些方面的人格是可以进行预测。许多克利夫顿优势
识别器主题证明是比其他工具更具有持久性。对不同年龄群体
的横向研究,将能够帮助更早地了解与年龄有关的行为规范模
式的可能改变。应当朝着测量误差方向为测量主题明显变化寻
找解释,而不在基本性状、情绪或认识内作为真正变化迹象。

还应当邀请应答者为任何明显差异提供解释。

如何确定克利夫顿优势识别器有效？

是否对克利夫顿优势识别器工作进行评估的问题，已经通过心理测量和概念审查在工具构建效度的现实研究中予以解决。克利夫顿优势识别器是建立在三十多年的优势分析应用和天赋本质的证据基础之上。在那些使用元分析的最新科学研究中已经对这些证据进行了总结（Schmidt & Rader，1999）。

在行为方面的研究文献和社会科学包括众多的带有明显冲突结论的个体研究。元分析允许研究者在变量之间估计平均相关性，并对不同研究发现中变量的假象来源做出纠正。同样地，它也提供了非常强大的信息，因为它为测量、样本错误和扭曲个体研究结果的其他习性进行了适当控制。（已经在心理、教育、行为、医疗、人事选拔领域公布了超过一百万个元分析）如果想要对各个领域的元分析进行详细审查，请参阅 Lipsey 和 Wilson 的文章（1993）。

什么是优势开发？

确定天赋对优势开发很关键。确定天赋最常用办法是考虑个人天赋的前五个领域，这些都在对克利夫顿优势识别器和盖洛普在线天赋评估工具应答中予以说明。鉴于这五个（"主题"）天赋领域，众所周知作为个人签名主题，能够帮助个体理解结论，并内化这些能够提供他们最自然天赋的主题。

签名主题在确定天赋方面是很有用的资源。任何人对任何状态的自发性反应是天赋的重要标志,在克利夫顿优势识别器的报告中,对所展示主题的排列次序是建立在对工具所展示成对描述符地自发的顶级的头脑反应之上的。

当确定天赋的时候,还应当考虑渴望、快速学习、满意度和永久性(Clifton & Nelson,1992)。渴望能够揭示天赋的存在,特别是当很早就能够感知到他们存在于生活中的时候。可以把渴望描述成为一个拉力或一个磁性影响力,这个能够把一个人拉到特定活动中或环境时间之中,并再次进行同样活动。快速学习提供另外的天赋。在一个新挑战或新环境内容中,个人天赋中某些东西进行闪烁。立即,他们的大脑似乎开始点亮,如同整个开关突然弹到"打开"位置——他们学习新技术或获取新知识的速度能够为天赋的存在和力量提供一种新指示线索。当某人勇敢地承担并成功地面对那些能够最大程度地发挥他们天赋的挑战时候,满意度就是心理实现。永久性也可以作为天赋的线索。当个人专注于某项活动的时候,他们可能忘记时间的存在,这可能是因为他们在这项活动中应用了天赋。

优势开发将伴随着确认天赋开始,并持续到把他的或她的天赋融入自我之中。成功的优势开发将导致发生所期望的行为变化(Clifton & Harter,2003)。客户赞助的研究已经提供证据证明,优势开发与各种正向结果相关,包括在员工参与和生产方面的提高。

经理应当创建这样的环境,在其中员工能够最大程度发挥他们的天赋,而且具有更多生产性工作单位并伴随比较少的员工离职(Clifton & Harter,2003)。研究表明,优势开发能够增加自信、方向、希望和无私（Clifton & Harter，2004）。目前研究将继续探究与所期望结果相关的优势发展的影响。

如何为因个人能力或经济状况的原因而无法使用网络的个人管理、评分、报告克利夫顿优势识别器？

就经济状况而言（数字鸿沟），所适用的解决办法包括通过图书馆或学校访问网络。应当说明，盖洛普服务的某些组织没有普及网络接入端口。在这些案例中，对于那些来自于不利生活背景的组织，常用解决办法通常是从某个中央位置的特殊接入。

就这些不便来说，已经提供了一系列的解决办法。通常情况下，最有效办法是为参与者索要一个计时器，这个计时器能够监管切断克利夫顿优势识别器的节奏。在采用克利夫顿优势识别器之前，可在个案基础上与盖洛普对这个或其他解决办法做出安排。

为克利夫顿优势识别器的用户推荐什么阅读水平？对于那些没有达到这个水平的用户，可以使用哪些备用替代性的解决办法？

克利夫顿优势识别器是为那些至少能够完成 8 级或 10 级阅读水平的人所设计的（在多数案例中，那些年龄是 14 岁或更大的人）。在我们年轻领导研究方面，青少年对克利夫顿优势识别器应答完成中克利夫顿优势识别器实验没有暴露出什么重大或常见问题。可能的替代或解决办法包括关闭节奏计时器以便查询词典或另外搜索某个词汇的含义。

克利夫顿优势识别器是否适用于不同的人口群体、国家和语言?

盖洛普和其他研究组织大量证据表明,克利夫顿优势识别器或其他工具所测量的天赋和人格维度结构在不同文化和民族之间不会发生重大变化。

例如,在不同国家之间的平均项目与主题关系是十分相似的。不同国家之间关系的标准差是 0.026,而在不同主题之间的偏差范围是从 0.01 到 0.04。在不同的语言之间,可以获得相类似的结果,而不同语言之间关系的平均标准差是 0.024,其范围是从 0.01 到 0.03。就这些主题之间相互关系来说,不同国家间的平均标准差是 0.03,这 561 个主题间关系的偏差范围是从 0.01 到 0.07。就不同语言来说,平均标准差是 0.02,其范围是从 0.01 到 0.06。总而言之,在不同文化内容之间,这些主题间关系是稳定的。

克利夫顿优势识别器作为天赋测量工具存在于国际上。其当前可以适用于 17 种语言,并附带有为未来所规划的其他几种翻译。在首批百万受访者中,已经有 110000 位受访者使用英语之外的其他语言来完成对克利夫顿优势识别器应答。克利夫顿优势识别器受访者几乎来自于 50 个不同的国家。在这些国家中,有 25 个国家至少有 1000 位受访者。有超过 225000 位受访者来自于美国之外的其他国家。

对克利夫顿优势识别器应答者年龄的研究已经显示，在不同年龄群体之间项目与主题之间的平均关系十分相似。关系平均标准差是 0.02，其在不同主题之间的标准差范围是从 0.00 到 0.09。对克利夫顿优势识别器应答者性别的研究已经显示，分项对总项的关系十分相似而且一贯保持正向，横跨各个主题在不同性别之间的分项对总项的关系标准差范围是从 0.00 到 0.06。

受访者从克利夫顿优势识别器中得到什么样的反馈?

根据应答者完成克利夫顿优势识别器的原因，反馈在不断变化。有些时候，应答者仅仅收到一份列举他的或她的前五项主题的报告——在这些报告中应答者得到自己的最高得分。如果是在其他状态下，应答者也可以在与盖洛普顾问进行的个人反馈会议中或在与他们同事进行的监督团队建设会议中，审查剩余的 29 个主题，并为每个主题提出实际建议。

这些主题组合是罕见且强大的。可能有 278256 个独特签名主题，以及具有唯一命令的 3339 万个不同的排列能够存在。

自从 1998 年以来，在各个学术机构、信念组织、主要业务和其他组织的发展规划过程中，已经把克利夫顿优势识别器用作为盖洛普组织的初始诊断工具。

参考文献

American Psychologist. Positive psychology ［special issue］. 2000. Washington, D. C. : American Psychological Association.

Block, J. 1995. Acontrarian view of the five – factor approach to personality description. *Psychological Bulletin* 117: 187 – 215.

Cameron, K. S. , Dutton, J. E. , & Quinn, R. E. （Eds. ）. 2003. *Positive organizational scholarship.* San Francisco: Berrett-Koehler.

Clifton, D. O. , &Harter, J. K. 2003. Strengths investment. In K. S. Cameron, J. E. Dutton, &R. E. Quinn （Eds. ）, *Positive organizational scholarship.* （pp. 111 – 121）San Francisco: Berrett-Koehler.

Clifton, D. O, & Nelson, P. 1992. Soar with your strengths. New York: Delacorte Press.

Clifton, J. K. 2002. Letter addressed to attendees of the first international Positive Psychology Summit. Washington, DC.

Hodges, T. D. , &Clifton, D. O. 2004. Strengths-based development in practice. In A. Linley&'S. Joseph （Eds. ）, *Handbook of-*

positive psychology in practice. Hoboken, New Jersey: John Wiley and Sons, Inc.

Hogan, R. , J. Hogan, and B. W. Roberts. 1996. Personality measurement and employment decisions: Questions and answers. *American Psychologist* 51: 469 – 477.

Hunter, J. E. , and F. L. Schmidt. 1990. *Methods of meta-analysis: Correcting error and bias in research findings.* Newbury Park, CA: Sage.

Judge, T. A. , C. A. Higgins, C. J. Thoresen, and M. R. Barrick. 1999. The big five personality traits, general mental ability, and career success across the life span. *Personnel Psychology* 52: 621 – 652.

Keyes, C. L. M. , &Haidt, J. (Eds.) . 2003. *Flourishing: Positive psychology and the life well-lived.* Washington, DC. : APA.

Linley, A. , &Joseph, S. (Eds.) . 2004. *Positive psychology in practice.* Hoboken, NJ: John Wiley&Sons, Inc.

Lipsey, M. W. , and D. B. Wilson. 1993. The efficacy of psychological, educational, and behavioral treatment. *American Psychologist* 48: 1181 – 1209.

Lopez, S. J. , Hodges, T. D. , and Harter, J. K. 2005. The Clifton StrengthsFinder technical report: Development and validation. Princeton, NJ: The Gallup Organization.

Lopez, S. J. , &Snyder, C. R. (Eds.) . 2003. *Positive psychological assessment: A handbook ofmodels and measures.* Washington, DC. : American Psychological Association.

McCrae, R. R. , and P. T. Costa. 1987. Validation of the five-factor model of personality across instruments and observers. *Journal of Personality and Social Psychology* 52: 81 – 90.

McCrae, R. R. , P. T. Costa, M. P. de Lima, et al. 1999. Age differences in personality across the adult life span: Parallels in five cultures. *Developmental Psychology* 35: 466 – 477.

McCrae, R. R. , P. T. Costa, F. Ostendorf, et al. 2000. Nature over nurture: Temperament, personality, and life span development. *Journal of Personality and Social Psychology* 78: 173 – 186.

Myers, D. 2000. The funds, friends, and faith of happy people. *American Psychologist* 55: 56 – 67.

Plake, B. 1999. *An investigation of ipsativity and multicollinearity properties of the StrengthsFinder Instrument* [technical report] . Lincoln, NE: The Gallup Organization.

Schmidt, F. L. , &Rader, M. 1999. Exploring the boundary conditions for interview validity: Meta-analytic validity findings for a new interview type. *Person nel Psychology* 52: 445 – 464.

Sheldon, K. , Fredrickson, B. , Rathunde, K. , & Csikszentmihalyi, M. 2000. Positive psychology manifesto (Rev. Ed.) . Philadelphia. Retrieved May 1, 2003 from the World Wide Web: http: //www. positivepsychology. org/akumalmanifesto. htm.

Snyder, C. R. , &Lopez, s. J. (Eds.) . 2002. *The handbook of positive psychology*. New York: Oxford University Press.

Waller, N. G. , J. S. Thompson, and E. Wenk. 2000. Using

IRT to separate measurement bias from true group differences on homogeneous and heterogeneous scales: An illustration with the MMPI. *Psychological Methods* 5: 125 – 146.

致　谢

　　唐纳德·克利夫顿博士对这本书作出了最大的贡献。唐纳德·克利夫顿博士花费毕生精力来研究、构思整个教育领域并激励教师们。他的早期工作主要是围绕伟大的教师来开展研究工作，一直持续到他生命的最后时刻，唐纳德·克利夫顿博士非常热衷于优势教育。仅仅是因为他的资助、指示和愿景，这本书才能成为现实。

　　非常感谢我们杰出的并具有令人难以置信天赋的写作伙伴珍妮弗·罗宾森。珍妮弗·罗宾森有讲故事的奇特天赋，她能够把复杂的研究深入到生活中去。她还有非常强的幽默感。如果没有她的帮助，那么这本书就无法完成。

　　盖洛普教育部门内的那些极富有才华的教师为这本书奠定基础。

　　加里戈登博士是盖洛普组织教育业务全球负责人，他举起质量和卓越的火炬。他对研究工作所作的贡献为老师们提供了可靠的支撑，他的贡献是不可磨灭的。他负责完成这本书概念框架的主要部分。

　　耶琳恩玛·莫斯利是位非常优秀的教师，他能够在教学过程中向学生传播欢乐和爱心。凯利·P. 霍纳把学校变成教师能够以此为乐的能力是无可媲美的。埃勒·特伦坦以独特而强大的方式把自己的才智、价值和天赋组合起来，为这本书的编写提供了非常大的帮助。对在学校内有关优势进行重要思索的关键人物是雪莉·埃利希和康妮·拉特——这两位女性懂得教育的伟大之处。

负责编写在学校内的优势增长和影响的其他人还有，朱迪·贝利，丹尼斯·欣克利，加利·埃文斯，德埃·德罗兹德，艾琳·伯克隆和马克·波格。我们非常感谢他们的贡献。

这本书最关键的部分是第四章"行为项目"，柯特·拉兹伍德针对这部分内容作出了非常大的贡献。他对优势所理解的深度是无法超越的。苏·芒恩是优势教育方面的一位专家，也对这章内容提供了巨大的帮助。

保罗·皮特斯，凯利·亨利和马克·斯迪曼都是世界级的编辑，他们在完善这本书的内容和词句方面发挥了巨大的作用。卡洛琳·麦迪逊是这个编辑团队里面一流的领导者。莫里·哈丁也对这本书的封面做出漂亮的设计。

最终，是在杰夫·布鲁尔，汤姆·拉特，尤什凯维奇，拉里·埃蒙德和吉姆·克利夫顿的直接领导下，把那个宏伟的构想变成这本书。因为他们的美好愿景，也是为了各个地方的老师，我们所期望的才能变成一个壮美的现实。